Albert Ludwig Grimm (1786–1872)

Albert Ludwig Grimm (1786–1872)

Student in Heidelberg, Schulmann und Schriftsteller in Weinheim,
Parlamentarier in Karlsruhe und Bürgermeister in Weinheim,
aktiver Ruheständler in Baden-Baden

Eine Biographie in ihrem zeitgeschichtlichen Rahmen

von GERHARD SCHWINGE

verlag regionalkultur

Gerhard Schwinge (geb. 1934 in Berlin), Dr. theol., studierte 1955–1959 Evangelische Theologie in Hamburg, Heidelberg und Göttingen. Nach elf Jahren Pfarrdienst und der zusätzlichen staatlichen Ausbildung für den höheren wissenschaftlichen Bibliotheksdienst war er 1972–1996 Leiter der Landeskirchlichen Bibliothek Karlsruhe der Evang. Landeskirche in Baden (Kirchenbibliotheksdirektor) und 1989–1996 Geschäftsführer des badischen Vereins für Kirchengeschichte. 1993 promovierte er an der Universität Mainz über Jung-Stilling. Er lebt mit seiner Frau Elisabeth im Ruhestand in Durmersheim (Baden).

Titel:	Albert Ludwig Grimm (1786–1872)
Autor:	Gerhard Schwinge
Herstellung:	verlag regionalkultur (vr)
Satz:	Harald Funke (vr)
Umschlaggestaltung:	Jochen Baumgärtner (vr)
Endkorrektur:	Gerhard Schwinge

ISBN 978-3-89735-674-0

Bibliographische Information der Deutschen Bibliothek
Die Deutsche Bibliothek verzeichnet diese Publikation in der Deutschen Nationalbibliographie; detaillierte bibliographische Daten sind im Internet über http://dnb.ddb.de abrufbar.

Diese Publikation ist auf alterungsbeständigem und säurefreiem Papier
(TCF nach ISO 9706) gedruckt entsprechend den Frankfurter Forderungen.

© 2011. Alle Rechte vorbehalten

verlag regionalkultur Heidelberg – Ubstadt-Weiher – Weil am Rhein – Basel

Korrespondenzadresse:
Bahnhofstr. 2 • 76698 Ubstadt-Weiher • Telefon (07251) 36703-0 • Fax 36703-29 •
E-Mail: kontakt@verlag-regionalkultur.de • www.verlag-regionalkultur.de

Vorwort

Bei dem vorliegenden Buch handelt es sich um eine Biographie, welche in gleich gewichtender Weise die verschiedenen Lebensphasen und Wirkungsbereiche von Albert Ludwig Grimm zu dessen 225. Geburtstag darstellt. Dadurch unterscheidet sie sich von den beiden älteren Dissertationen zu Leben und Werk Grimms, von denen sie gleichwohl manchen Nutzen zog: Während sich Gustav Allgayer 1931 besonders Grimms öffentlich-politischem Wirken im badischen Landtag und als Bürgermeister in Weinheim zuwandte, machte Erich Reimers 1985 fast ausschließlich das literarische Werk Grimms zum Gegenstand seiner Darstellung. Einiges, was bei Allgayer und Reimers breiter ausgeführt worden ist, oft in einem in wissenschaftlichen Veröffentlichungen unüblichen Erzählstil, wird hier nicht noch einmal wiedergegeben. Zudem finden sich bei beiden, mehr bei Reimers als bei Allgayer, vereinzelt historisch falsche Angaben und bisweilen nicht begründbare Spekulationen, ganz abgesehen von dem häufigen Fehlen präziser Quellennachweise. – In den übergreifenden literaturgeschichtlichen Werken sind die wenigen, meist knappen biographischen Angaben zu Grimm und seinem Umfeld ebenfalls oft fehlerhaft.

Mit den berühmten gleichaltrigen Herausgebern von Märchen, den Brüdern Jakob und Wilhelm Grimm, hat Albert Ludwig Grimm übrigens nur den Familiennamen gemeinsam; eine Verwandtschaft oder auch nur ein persönlicher Kontakt bestand nicht.

Elena Klokova begegnete zuerst 1987 in einem Sankt Petersburger Antiquariat in einer deutschen Ausgabe Grimms „Märchen aus 1000 und einer Nacht". Zwanzig Jahre später war sie dann nach einer durch das Internet ermöglichten Beschäftigung mit dem in Russland gänzlich unbekannten Grimm von seinen Märchen- und Sagenbüchern so begeistert, dass sie ein mehrbändiges russisches Übersetzungsprojekt in Angriff nahm und 2008 als ersten umfangreichen Band die „Märchen aus 1000 und einer Nacht" in russischer Sprache herausbrachte (ISBN 978-5-94089-132-2), welcher nicht nur prächtig ausgestattet werden konnte, sondern im Anhang auch mit einer über 60 Seiten umfassenden, bebilderten Biographie versehen wurde, geschrieben in einem mehr erzählenden Stil für Leser im Kindes- und Jugendalter. Nach Möglichkeit sollen die in Russland so bisher nicht bekannten Märchen und Fabeln in der Fassung Grimms in Kindertagesstätten und in Schulen zum Einsatz kommen.

Der Autor dieser Biographie hat sich unter anderem seit langem mit der badischen Kirchen- und Regionalgeschichte sowie mit der Heidelberger Universitätsgeschichte des ausgehenden 18. und des 19. und teilweise auch des 20. Jahrhunderts beschäftigt. Zu ihm nahm Elena Klokova wegen dessen Buch über den Heidelberger Förderer Grimms, den Theologieprofessor F. H. C. Schwarz (ISBN 978-3-89735-504-0), im Jahr 2007 Kontakt auf, woraus sich ein freundschaftlicher Austausch entwickelte. Ich habe nun auf Grund der biographischen Vorarbeiten Elena Klokovas eine historisch-kritische Biographie verfasst und dabei vor allem neuere, nach 1985 (dem Erscheinungsjahr der Dissertation von Reimers) erschienene Quellen und Literatur herangezogen und in Fußnoten nachgewiesen. Ebenfalls wurden die anderen Beigaben, die Zeittafel, die Familientafeln, die Chronik als eingehende Inhaltsbeschreibung und das Personenregister, von mir erarbeitet. Die Abbildungen wurden teils aus dem russischen Werk übernommen, teils neu ausgewählt und beschafft – die beiden Dissertationen enthalten fast keine Abbildungen – und in bewährter Weise mit Hilfe des Verlags ins Layout gebracht.

Autor und Verlag hoffen, mit diesem Lebensbild einer weithin vergessenen, jedoch in verschiedenen Funktionen vielfach wirkenden Persönlichkeit zugleich in Teilen ein interessantes Zeit- und Sittenbild Badens zwischen 1786 und 1872 gezeichnet und ebenso einen Beitrag zum damaligen Leben in den vier badischen Städten: Heidelberg, Weinheim an der Bergstraße, Karlsruhe und Baden-Baden geleistet zu haben. Den größten Umfang nehmen dabei die Kapitel über Weinheim ein, die Stadt, in der Albert Ludwig Grimm nahezu fünf Jahrzehnte seines Lebens verbracht hat und die zu Recht eine größere Innenstadtstraße nach ihm benannte und dadurch sein Andenken bis heute lebendig hält.

Zu danken ist für vielfältige Unterstützung und die Bereitstellung von Bilddateien insbesondere dem Stadtarchiv und dem Stadtmuseum Weinheim und ihren Leiterinnen Andrea Rößler und Claudia Buggle, dem Stadtarchiv Baden-Baden mit seiner Leiterin Dagmar Kircherer und der Evangelischen Lukasgemeinde Baden-Baden mit Pfarrerin Silke Alves-Christe, außerdem der Badischen Landesbibliothek Karlsruhe sowie den Stadtarchiven in Karlsruhe und Heidelberg.

Ich widme das Buch Dr. Elena Klokova (St. Petersburg).

Durmersheim, im Frühjahr 2011

Gerhard Schwinge

Inhalt

Herkunft und Kinderjahre, Schulzeit und
  Beginn des Theologiestudiums (1786 – 1804) 9

In Heidelberg,
  der Stadt der Romantiker – Prägungen fürs Leben (1804 – 1806) 15

In Weinheim:
  Schulleiterstellen, erste Buchveröffentlichungen und
  Familiengründung (1806 – 1825) 27

In Karlsruhe und in Weinheim:
  Politisches Wirken im Landtag und als Bürgermeister,
  neues Familienleben (1825 – 1838) 37

In Weinheim:
  Erneuter Schuldienst und Schulstreit, neue Schriftstellerei und
  die Jahre der Revolution 1848/49,
  Engagement in der evangelischen Stadtgemeinde und
  Abschied von Weinheim (1839 – 1853) 49

In Baden-Baden:
  Leben als Witwer und die Familien der Töchter,
  soziales und kirchliches Engagement (1854 – 1869) 61

In Baden-Baden:
  Die letzten Jahre: Altersschriften, Deutsch-Französischer Krieg und
  Lebensende (1859 – 1872) 71

Rückblick 80

Zeittafel 82
Chronik 84
Quellen und Literatur 88
Bildnachweise 93
Personenregister 95

Mit 82 Jahren, nach einem langen tätigen Leben in Schule, Politik und Öffentlichkeit, schrieb Albert Ludwig Grimm am 21.12.1868 an Prof. Dr. Heinrich Will, einen ehemaligen Schüler, der zu seinem Freund im Alter wurde, nach vielen für die Jugend geschaffenen Buchbearbeitungen unzähliger Märchen und Sagen der Weltliteratur, einschließlich meist mehrerer Auflagen sowie Übersetzungen in viele europäische Sprachen:

So leicht manchem die Arbeit dünken mag, solche Geschichten nur anders zu erzählen, so hat es doch seine eigenen Schwierigkeiten, sie so zu erzählen, daß man sie ohne Bedenken der Jugend in die Hand geben darf. Oft ist der ganze Bau vom Fundamente aus abzureißen, was auch in allen Theilen Änderungen nach sich zieht, und doch soll es derselbe Bau bleiben. Du siehst wenigstens, daß ich noch nicht unthätig sein kann. Ich bin auch schon wieder mit einem neuen Unternehmen beschäftigt, für das ich schon den Vertrag mit einem Verleger abgeschlossen habe, das ein Gegenstück zur 1001 Nacht geben soll und den Titel „1001 Tag" führen wird.

Herkunft und Kinderjahre, Schulzeit und Beginn des Theologiestudiums

1786–1804[1]

Albert Ludwig Grimm wurde am 19. Juli 1786 in dem damals kurpfälzischen und seit 1806 dann badischen Dorf Schluchtern, nahe der Grenze zu Württemberg, in der Nähe der württembergischen Stadt Heilbronn, geboren.

Der Name Grimm ist bis heute in Deutschland weit verbreitet. Die familiären Wurzeln von Albert Ludwig Grimm reichen Jahrhunderte zurück und sind wohl in Belgien zu suchen. Seine eigenen Vorfahren sind vermutlich am Ende des 17. Jahrhunderts als reformierte wallonische Glaubensflüchtlinge nach dem badischen Mosbach am Neckar eingewandert. Ihr ursprünglicher Name Le Grand hatte sich zuvor schon verdeutscht und endlich zu Grimm verändert. Auch heute noch ist der Familienname Grimm besonders im südhessischen und im nord- und mittelbadischen Raum häufig.

Alle Vertreter der Familie in männlicher Linie waren Handwerker gewesen. Erst der Großvater von Albert Ludwig Grimm, Georg *Friedrich* Grimm (1725–1797) in Mosbach, wagte es, obwohl er selbst ein einfacher Strumpfweber war, dieser Tradition untreu zu werden. Denn er ermöglichte seinen Söhnen Georg Ludwig (geb. 1750) und Johannes (geb. 1757) das Studium der Theologie.

Nach dessen Abschluss gingen beide Söhne zunächst in den Schuldienst. Georg Ludwig, später Vater Albert Ludwigs, wurde 1778 als Pfarrkandidat in der überwiegend reformierten Kurpfalz rezipiert und trat 1780 die Stelle eines Rektors der Lateinschule in Weinheim an der Bergstraße an, mit der auch Predigtverpflichtungen verbunden waren. Im selben Jahr ehelichte er Johanna Elisabetha Joseph (geb. 1754), die Tochter des ebenfalls reformierten Pfarrers Johann

---

1 Das Folgende beruht zunächst auf den einleitenden biografischen Abschnitten der beiden Dissertationen von Allgayer (Heidelberg 1931) und Reimers (Wuppertal 1985), obwohl nicht immer erkennbar ist, woher diese ihre Kenntnisse haben. Weil deren Angaben manchmal jedoch widersprüchlich und unzulänglich sind, mussten diese nach weiteren Recherchen in den Beständen des Generallandesarchivs Karlsruhe und des Landeskirchlichen Archivs Karlsruhe sowie im zweibändigen badischen Pfarrerbuch von Neu teils korrigiert, teils ergänzt werden. Grundsätzlich gilt, dass biografische Informationen über Geistliche aus der Zeit vor 1800 nur lückenhaft zu erlangen sind, weil Personalakten meist noch nicht angelegt wurden. Das gilt insbesondere für die Geistlichen der ehemaligen Kurpfalz, um die es hier allein geht. Aus den kirchlichen Generalakten oder aus ortsbezogenen Spezialakten biografische Angaben zu gewinnen, ist nicht nur zeitaufwendig, sondern oft auch vergeblich. (Für „Die evangelischen Pfarrer der Markgrafschaft Baden-Durlach in der zweiten Hälfte des achtzehnten Jahrhunderts" hat Jörg Schneider diese Arbeit 1936 in seinem 290 Seiten starken Buch geleistet.) Hilfreich sind dagegen immer wieder die – heute meist zentralisiert auf Mikrofilm zugänglichen – so genannten Kirchenbücher, d. h. die Tauf-, Trau- und Beerdigtenregister der einzelnen Pfarrstellen. – Da es keinen Nachlass A. L. Grimm gibt (vgl. Reimers 1985, S. 36) und frühe autobiographische Aufzeichnungen nicht existieren, ist die biographische Quellenlage generell prekär, besonders für die Zeit bis 1804.

Carl Joseph (1717–1802) in Dallau bei Mosbach. Den Jungverheirateten schien es, dass sie sich für eine lange Zeit in der alten, angesehenen Stadt Weinheim niederlassen konnten. 1781 erblickte das erste Kind das Licht der Welt, der Sohn erhielt den Namen Carl Friedrich.

Doch 1786 wurde Georg Ludwig Grimm auf die damals vakante Pfarrstelle zu Schluchtern bei Heilbronn versetzt, wodurch sich die Lebensverhältnisse der Familie von Grund auf änderten, allerdings nicht zum Besseren. Kurz nach dem Einzug in dieses kleine Dorf wurde als zweiter Sohn Albert Ludwig geboren. Schluchtern im Dekanat Eppingen blieb Georg Ludwig Grimms einzige Pfarrstelle, denn er verstarb bereits im Jahr 1800.

Diese Veränderung von Weinheim nach Schluchtern führte zu einer bedeutenden Verschlechterung der materiellen Lage der Familie. Um die Steuern für das kümmerliche, dem Pfarrer zur Verfügung stehende Pfarrhaus bezahlen zu können, sah er sich gezwungen, darin zusätzlich ein privates Paedagogium, also ein kleines Erziehungs- und Unterrichtsinstitut einzurichten.[2] Das sehr bescheidene Einkommen, das er von den Familien der Zöglinge bekam, erlaubte ihm daraufhin ein knappes Auskommen. Der fürsorgliche Vater brachte es sogar fertig, für die künftige Ausbildung seiner beiden Söhne eine kleine Summe zurückzulegen.

Damals bestand die kärgliche Besoldung eines Pfarrers größtenteils in dem Erlös des Grundbesitzes, der zur Pfarrstelle gehörte, der so genannten Pfründe, oder, wenn die Ländereien verpachtet waren, in den Naturalien-Abgaben der Pächter. Aber der Ertrag der dem Pfarrer zur Bewirtschaftung übertragenen Äcker und Wiesen war gering. Mit den ärmlichen Ernten an Feldfrüchten, Gemüse und Korn konnte keine große Familie ernährt werden. Darüber hinaus war es unmöglich, das Wenige, was der Pfarrerfamilie zu ernten gelang, in einer Scheune oder einem Keller zu lagern. Denn der Zustand des Schluchterner Pfarrhauses und seiner Nebengebäude war trostlos. Die Dächer aller Gebäude waren stark beschädigt, das Hoftor durch den Einfluss der Witterung gänzlich verfault, die Pfarrscheune in einer Verfassung, dass man ihren baldigen Einsturz befürchten musste. Außerdem waren Keller und Scheuer für den Hausstand der Familie viel zu klein. Der Pfarrer musste viel Korn und andere Teile der Ernte noch im Herbst weit unter Preis verkaufen.

Aber das waren noch nicht alle Sorgen, mit denen Georg Ludwig Grimm zu kämpfen hatte, seitdem er die neue Stelle angetreten hatte. Im Haus jedes Pfarrers war eine Studierstube für die Vorbereitung der Predigten vorgesehen. In der nicht beheizbaren Studierstube von Georg Ludwig Grimm war es im Winter so kalt, dass man sich dort nicht lange aufhalten konnte. Mehrmals wandte sich Grimm an seine vorgesetzte Behörde mit der Bitte, Abhilfe zu schaffen. Doch es änderte sich nichts.

Zu allem Unglück war zwei Jahre nach dem Einzug in Schluchtern im August 1788 Grimms Frau nach der Geburt eines dritten, bald danach selbst verstorbenen Sohnes gestorben. Zwar

---

2 Nach der Berufung Johann Heinrich Jungs gen. Stilling als Professor der Staatswirtschaft von Heidelberg nach Marburg im Frühjahr 1787 lebte dessen ältester Sohn Jakob (1774–1846) vier Jahre lang als Zögling im Pfarrhaus Schluchtern bei Georg Ludwig Grimm. Hierin ist der Grund für das 20 Jahre später enge Verhältnis zwischen Jung-Stillings Schwiegersohn Prof. Schwarz in Heidelberg und Albert Ludwig Grimm zu sehen. Vgl. dazu unten im nächsten Kapitel mit Anm. 6.

Familientafel Albert Ludwig Grimm (1786–1872)

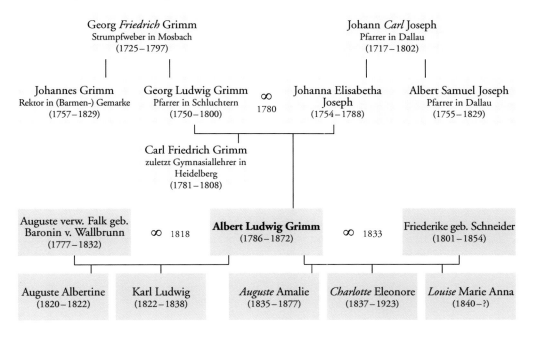

heiratete Grimm bald darauf die Schwester dieser seiner Frau, so dass der siebenjährige Carl Friedrich und der zweijährige Albert Ludwig eine Stiefmutter bekamen. Doch vierzehn Jahre später sollten sie durch den Tod ihres Vaters Vollwaisen werden.

In solch schwere Lebensverhältnisse hinein war Albert Ludwig am 19. Juli 1786 geboren und am 21. Juli von dem lutherischen Kollegen des Vaters am Ort, Georg Adam Georgy, in der reformierten Kirche getauft worden.[3] Im reformierten Kirchenbuch von Schluchtern sind als Taufpaten verzeichnet: der Onkel mütterlicherseits, (Bruder der Mutter) Albert Samuel Joseph (1755–1829), „rector des Paedagogii zu Mosbach", und von Vaters Seite der Bruder des Vaters,

---

3 Obwohl Schluchtern nur ein kleiner Ort mit wenigen Hundert Einwohnern war, gab es dort neben der (älteren) reformierten Gemeinde seit 1726 auch eine kleine lutherische Gemeinde mit eigenem Pfarrer und eigener Kirche. Auch daraus erklären sich wohl die besonders ärmlichen wirtschaftlichen Verhältnisse der Pfarrer.

Onkel Johannes Grimm (1757–1829), „rector am paed. zu Gemarke bey Elberfeld"[4]. Darin dass der Vater und beide Taufpaten Theologen und Pädagogen waren, kann ein Vorzeichen für den späteren Lebenslauf des Kindes gesehen werden. Sie gaben dem Knaben mit ihren Segenswünschen das mit auf den Lebensweg, was schon ihr eigenes Leben bestimmte: nämlich die Liebe zum Lehrer- und Erzieherberuf und die Seelsorge für die anbefohlenen Menschen, denen mit dem christlichen Glauben zugleich die Achtung vor dem Nächsten zu predigen ist. In diesem frommen Geiste wurden die Kinder in den Grimmschen Familien erzogen und zugleich zur Ergebung in Gottes Willen, die ihnen helfen sollte, die Lasten des Schicksals als gottgegeben zu tragen.

Zu seiner Stiefmutter hatte der kleine Albert Ludwig keine besonders innige Beziehung. Seine verstorbene Mutter ersetzte ihm in manchem vielmehr sein Großvater Georg *Friedrich* Grimm, bis er 1797 im Alter von 72 Jahren starb. Er schenkte seinem Enkel viel Zuneigung. Als talentierter Erzähler regte er in seinem kleinen Zuhörer schon in frühster Kindheit die Phantasie an und weckte in ihm besonders die Liebe zu Märchen. Stundenlang konnte das Kind den Erzählungen des Großvaters zuhören.[5] Dabei stellte er sich in seiner Phantasie die Helden der Märchen und Sagen lebhaft vor. Darüber hinaus pflanzte Friedrich Grimm seinem Enkel die Begeisterung für die heimatlichen Wälder ein. Der Großvater weckte in ihm weiter den später so stark hervortretenden Sinn für das Wandern auf den Bergen und in den Tälern wie für das Forschen in den Burgen und Schlössern des sagenumwobenen Odenwalds. Hier wurde der Grund dafür gelegt, dass Albert Ludwig Grimm als Erwachsener in seinen Werken den Odenwald erforscht und besungen hat.

Vater Grimm erteilte seinen beiden Jungen den Elementarunterricht selbst, wie es in vielen Pfarrhäusern geschah. Georg Ludwig Grimm wollte seine Söhne insbesondere auf den Beruf vorbereiten, den er selbst ausübte: Denn nach seinem Wunsch sollten die Söhne Theologie studieren. Als der ältere Sohn Carl Friedrich alt genug war, um mit dem Studium an einer Universität zu beginnen, standen dem jüngeren Albert Ludwig allerdings noch einige Jahre Unterricht bevor. Zu diesem Zeitpunkt aber verstarb der Vater unerwartet im März des Jahres

---

4   Vgl. Oskar Henke, Chronik des Gymnasiums zu Barmen. Eine Festschrift … 1. Teil: Geschichte und Entwicklung der Schule, Barmen 1890, S. 36f. (Kurzbiographie von Johannes Grimm). Danach wurde Johannes Grimm am 27.09.1757 in Mosbach geboren, er studierte seit 1776 in Utrecht und Oxford Theologie, wurde 1781 Konrektor an einem Paedagogium in Moers (bei Duisburg) und 1782 „Rektor der lateinischen Schule in Barmen" (Gemarke war ein Ortsteil von Barmen, welcher mit Elberfeld und anderen Orten 1929 zur Stadt Wuppertal zusammengeschlossen wurde). Grimm wird in dieser Kurzbiographie als „ein für Barmen sehr nützlicher Mann" gelobt, der auch ein tüchtiger Physiker und Chemiker gewesen sei und dessen Rat man sich bei der Anlage neuer Fabriken bedient habe. „Er verstand Lateinisch, Griechisch, Hebräisch, Französisch, Englisch, Italienisch und Holländisch." Er war verheiratet und hatte mindestens eine Tochter. Nach dem Niedergang seiner Schule gab er 1823 sein Rektoramt auf und wurde Lehrer an der Barmer Stadtschule. Seinen Ruhestand verlebte er von 1827 an bei seinem Schwiegersohn, einem Pfarrer in Repelen bei Moers. Er starb dort am 23.11.1829. – Dass Albert Ludwig Grimm zu diesem seinem Onkel als Herangewachsener Verbindung gehabt hat, konnte nicht nachgewiesen werden.

5   Vgl. Grimms Vorrede zu seinem zweiten Märchenbuch: *Lina's Mährchenbuch*, Bd. 1, 1816, S. II und zu seinem Buch *Vorzeit und Gegenwart an der Bergstraße, dem Neckar und im Odenwald*, 1822, S. 258.

1800 im Alter von 50 Jahren. Offenbar hatten die fast 14 Jahre Kampf für das Überleben der Familie ihre Spuren hinterlassen und die Gesundheit von Georg Ludwig Grimm untergraben. So war der Tod der Mutter nicht der einzige Kummer, den der junge Albert Ludwig während seiner Kindheit und Jugend erleben musste. Das Leben erzog ihn früh dazu, Schicksalsschläge demütig zu ertragen.

Nach dem Tod des Vaters bezog der ältere Sohn Carl Friedrich das Tübinger Stift, um das Theologiestudium an der dortigen Universität aufzunehmen, während Albert Ludwig von seinem Onkel Albert Samuel Joseph in Dallau aufgenommen wurde, wo dieser seit 1794 wie schon sein Vater und sein Großvater die Pfarrstelle inne hatte. Drei Jahre darauf erwarb Albert Ludwig dort die Berechtigung zum Studium durch den Schulabschluss im Pädagogium seines Onkels. So vorbereitet, ließ er sich unter dem 3. November 1803 als Student der Theologie in die Matrikel des Tübinger Stifts eintragen, welches sein Bruder Carl Friedrich inzwischen schon verlassen hatte, um seine theologische Ausbildung an der Heidelberger Universität fortzusetzen. Den früh verwaisten Albert Ludwig litt es daraufhin nicht lange in Tübingen, ein Jahr später bereits ging er ebenfalls nach Heidelberg, wo er sich als Student der Theologie am 28. Oktober 1804 an der Universität immatrikulierte.

Heidelberg, Ansicht von Osten, 1790, aquarellierte Federzeichnung von Peter Friedrich de Walpergen

In Heidelberg,

der Stadt der Romantiker – Prägungen fürs Leben

Herbst 1804 bis Herbst 1806

Obwohl Albert Ludwig Grimm nur zwei Jahre in Heidelberg verbrachte, wurden in diesen weitere entscheidende Weichen für sein persönliches und berufliches Leben gestellt. Das hatte seinen Grund auch darin, dass diese Jahre für die landespolitische und ebenso für die geistesgeschichtliche Entwicklung Badens von einmaliger Bedeutung waren.

Als Grimm nämlich 1804 zum Theologiestudium an die Universität in der Neckarstadt kam, hatten sich die politischen Verhältnisse in Südwestdeutschland ein Jahr zuvor sehr verändert: Durch die Neuordnung Mitteleuropas während der Herrschaft Napoleons in den Jahren 1802 bis 1810 war unter anderem aufgrund des Reichsdeputationshauptschlusses vom 25. Februar 1803, nach der Zivilvereinigung der Markgrafschaft Baden mit dem rechtsrheinischen Teil der Kurpfalz schon im voraufgehenden November, am Oberrhein Anfang Mai 1803 nunmehr auch offiziell das Kurfürstentum Baden entstanden. Dieses wurde im August 1806 dann – nach Badens Beitritt zum von Napoleon gegründeten Rheinbund am 12. Juli – zum Großherzogtum Baden erhoben.

Die Stadt Heidelberg und ihre 1386 als erste deutsche Universität gegründete Alma Mater waren in den Jahren zuvor unter dem katholischen Kurfürstenhaus Pfalz-Neuburg einem Niedergang verfallen. Dass dem neuen Kurfürsten Karl Friedrich von Baden (1728–1811) eine Wiederbelebung der Universität ein besonderes Anliegen war, zeigte sich an den organisatorischen und finanziellen Maßnahmen des 13. Organisationsedikts vom 9. Mai 1803: Die Universität wurde als „hohe Landesschule" mit einer besonderen Dotation von 50.000 Gulden bedacht. Zudem legte Karl Friedrich fest: „Rektor der Universität wollen wir selbst sein und unsern Nachfolgern […] diese Würde hinterlassen." Fortan trug die Universität neben dem Namen ihres Gründers Kurfürst Ruprecht I. von der Pfalz auch den ihres Neugründers: Ruperto-Carola. Ein Jahr später folgten weitere Verfügungen, unter anderem in Bezug auf Professorenbesoldungen, so dass nun auch Neuberufungen erfolgen konnten. Die Studentenzahlen stiegen sehr bald deutlich an.

Dass Grimm so schnell von Tübingen, wo er als Vollwaise im Evangelischen Stift bei den Theologiestudenten, obwohl selbst kein württembergisches Landeskind, hatte unterkommen können, nach Heidelberg wechselte, hatte wohl zwei Gründe. Zum einen zog es ihn in die Heimat zurück, wie zuvor schon seinen Bruder. Zum anderen war es mehr noch der im Juli 1804 aus Hessen nach Heidelberg berufene Professor für lutherische Dogmatik Friedrich Heinrich Christian Schwarz (1766–1837).

Grimm, der Vollwaise, nämlich wusste schon lange vorher von Professor Schwarz, dass dieser der Schwiegersohn des seit September 1803 mit seiner Familie ebenfalls in Heidelberg lebenden Hofrats Johann Heinrich Jung genannt Stilling (1740–1817) war, ursprünglich Arzt und Professor für Kameralwissenschaften, jetzt nur noch Erbauungsschriftsteller und geistlicher Berater Karl Friedrichs,

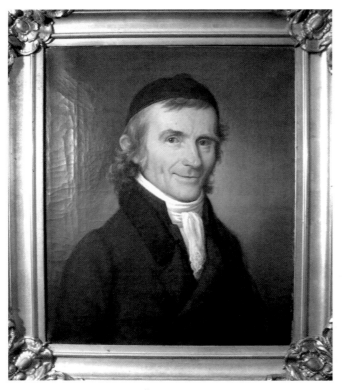

F. H. C. Schwarz, um 1825, Ölgemälde vermutl. von dem Heidelberger Maler Jakob Wilhelm Christian Roux, in Familienbesitz in Basel

und dass beide, Jung-Stilling wie Schwarz, Grimm gegenüber gleichsam eine Dankesschuld abzutragen hatten. Denn Jung-Stilling hatte, als er, verwitwet und wieder verheiratet, 1787 mit seiner zweiten Frau Selma von St. George, mit drei kleinen Kindern und mit der 14-jährigen Tochter Hanna aus seiner ersten Ehe – der späteren Ehefrau von Schwarz – als Professor für Staatswirtschaft von der Universität Heidelberg an die Universität Marburg wechselte, seinen 13-jährigen Sohn Jakob für vier Jahre, nämlich von März 1787 bis April 1791, in das Pensionat von Grimms Vater Georg Ludwig in Schluchtern bei Heilbronn gegeben. (Warum gerade dorthin und wie diese Verbindung zwischen Jung-Stilling und Vater Grimm zustande gekommen war, ist allerdings nicht mehr erkennbar.)[6] So wie einst Vater Grimm sich väterlich des Bruders von Hanna Schwarz geb. Jung angenommen hatte, so sehr nahm sich nun Schwarz wie an Vaters Stelle des Studenten Grimm an.

Anfang Oktober 1804 war Schwarz mit den Seinen in Heidelberg eingezogen. Nach einiger Zeit kaufte Schwarz für seine neunköpfige Familie, die noch weiter wuchs, als 1814 das zehnte und letzte Kind geboren wurde, ein geräumiges Haus und bezog es im Frühjahr 1805. Es handelte sich um das ehemalige lutherische Hospital und lag an der südlichen Seite der Straße, welche seit den 1830er Jahren bis heute Plöck heißt.[7] Mit einem großem Garten reichte es bis zum Berghang hin. In ihm wohnten bis zur Auflösung der mit nach Baden übernommenen

---

6   Siehe Jung-Stilling, Lebensgeschichte, S. 430 mit 738 u. S. 475 (dort fälschlich Schluttern statt Schluchtern) mit 743.

7   Das betreffende alte Haus Plöck Nr. 36 steht heute nicht mehr.

häuslichen Erziehungsanstalt im Jahr 1822 ebenfalls die zwischen zehn und zwanzig männlichen Zöglinge mit ihren Hauslehrern.[8]

Am 28. Oktober, rechtzeitig zum Beginn des Wintersemesters, ließ sich Grimm als Studierender der Theologie in die Matrikel der Heidelberger Universität eintragen. Und zwar zusammen mit zwei gleichaltrigen Landsleuten, den beiden kurpfälzischen Pfarrerssöhnen und Zwillingen Heinrich (1786–1860[9]) und Carl (1786–1857[10]) Wilhelmi.[11] Sind wir zwar über die damaligen näheren Beziehungen Grimms zu den beiden Brüdern nicht genauer unterrichtet, so wissen wir doch, dass die beiden Ruheständler Grimm und Heinrich Wilhelmi in Baden-Baden ein enges Freundschaftsverhältnis verband und dass Wilhelmis Sohn Dr. med. Karl Wilhelmi 1856 Grimms erster Schwiegersohn wurde, wovon später zu berichten ist.

Grimm wohnte zunächst beim „Schaffner Hepp im Kaltenthal".[12] Dass er in Heidelberg nicht sehr intensiv Theologie studierte[13], ist wohl anzunehmen. Auch Schwarz verstand sich mindestens so sehr als Pädagoge wie als Theologe (und wäre lieber als Pädagogikprofessor berufen worden), hatte bereits mehrere bedeutende pädagogische Werke im Geiste Johann Heinrich Pestalozzis veröffentlicht und schon als Pfarrer in Hessen seit rund fünfzehn Jahren gleichzeitig in seinem Haus ein privates Erziehungsinstitut (Paedagogium) betrieben. Er scheint früh die pädagogischen Interessen und Fähigkeiten des Studenten Grimm erkannt zu haben; denn er holte ihn im September 1805 als Hauslehrer in sein Haus und an sein Paedagogium. Da Schwarz dieses als seine erweiterte Familie verstand, fand Grimm hier so etwas wie Familienersatz. Die Neigung zum Lehrerberuf wurde in dieser Zeit geweckt und gefördert.

Eine zweite Neigung entwickelte Grimm ebenfalls früh in diesen wenigen Heidelberger Jahren: das Interesse an Literatur, insbesondere an der Volksliteratur. Auch dafür war das

---

8 Lina Schwarz (1809–1873, ledig) schildert in ihren *Erinnerungen aus mündlichen Mittheilungen meiner Eltern Schwarz* von 1863 auf den Seiten 87–154 farbig und konkret die Heidelberger Zeit ihrer Eltern (bis zum Tode der Mutter 1826), einschließlich der Heidelberger Gesellschaft dieser Jahre, die sie selbst ja gar nicht oder nur als Kind und Jugendliche erlebte, weshalb, wie sie selbst im Vorwort schreibt, Datierungen teilweise unsicher sind. Darin beschreibt sie eingehend S. 89–91 Haus und Grundstück von Plöck Nr. 36, worin sie selbst in den letzten 20 Lebensjahren eine kleine Wohnung mietete: Erdgeschoss mit zwei Obergeschossen und insgesamt 24 bewohnbaren Zimmern; Hofraum und Hofgebäude waren an einen Nachbarn verpachtet, nicht jedoch der Garten mit einem Turnplatz.
9 Nach 16 Jahren Pfarrdienst 1826–1853 Gymnasiallehrer in Heidelberg.
10 Als Pfarrer und Dekan in Sinsheim zugleich ein bedeutender Prähistoriker – vgl. Johannes Ehmann, Johann David *Carl* Wilhelmi (1786–1857), Pfarrer und Altertumsforscher, in: Lebensbilder aus der evangelischen Kirche in Baden im 19. und 20. Jahrhundert, Bd. V: Kultur und Bildung, hrsg. von Gerhard Schwinge, Heidelberg – Ubstadt-Weiher – Basel 2007, S. 406–421.
11 Allgayer 1931, S. 78.
12 Allgayer 1931, S. 9; Schaffner = Verwalter, Kaltenthal: zwischen Schloss und Hauptstraße, heute: Karlstraße.
13 Außer Schwarz lehrten in den Jahren 1804 bis 1806 dort nur folgende evangelische Theologen: der Kirchenhistoriker Daniel Ludwig Wundt (1741–1805), der reformierte Dogmatiker (und damals zusätzlich Exegetiker) Carl Daub (1765–1836, seit 1796 in Heidelberg) und der Moral- und Pastoraltheologe Johann Ludwig Ewald (1748–1822, 1805–1807 in Heidelberg). Erst von 1807 an kamen weitere hinzu.

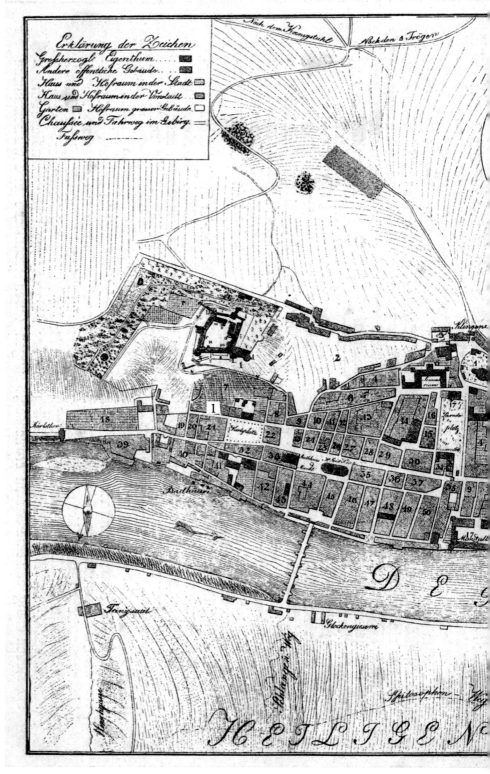

Heidelberg, Plan 1813, Lithographie von G. Schneider nach einer Zeichnung von F. L. Hoffmeister. Erl

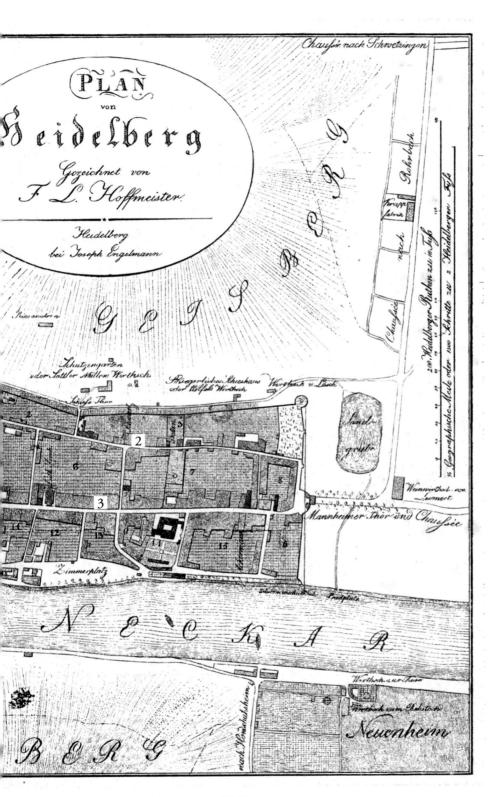

ren: Wohnung von 1 Grimm, 2 Schwarz, 3 Rudolphi

Caroline Rudolphi

gastfreie Haus der Familie Schwarz der Ausgangspunkt. Denn hier trafen sich viele Angehörige der Heidelberger Gesellschaft wie Besucher von auswärts. Dasselbe galt für die Gesellschaftsabende der mit Schwarz befreundeten Erzieherin und Schriftstellerin Caroline Rudolphi (1754 – 1811), welche ihr Mädchen-Erziehungsinstitut schon im August 1803 von Hamburg nach Heidelberg verlegt und ein Haus in der Hauptstraße an der Ecke Märzgasse erworben hatte. Wie Schwarz war sie eine Anhängerin Pestalozzis. Beide waren befreundet; Schwarz unterrichtete wöchentlich einige Stunden bei den „Elevinnen" der Rudolphi, „natürlich unentgeltlich".[14]

Die alte Universitätsstadt und zeitweilige Residenz der pfälzischen Kurfürsten Heidelberg an beiden Seiten des Neckars und mit der hoch über den Altstadtgassen gelegenen Schlossruine war um 1800 längst als romantische Stadtlandschaft deutschlandweit berühmt geworden, nachdem Friedrich Hölderlin sie in den 1780er und 1790er Jahren besucht und dann 1800 seine Ode „Heidelberg" im Druck herausgebracht hatte: „Lange lieb' ich dich schon [...] der Vaterlandsstädte ländlichschönste, so viel ich sah [...]" Später gab es noch manche andere Besucher am schönen Neckarstrand, die in der Welt der Dichter einen Namen hatten: Ludwig Tieck (1806) wie Joseph von Eichendorff (1807), Jean Paul (dieser wiederholt Gast im Hause von Professor Schwarz, zuerst 1809 sogar als Taufpate und 1817 als wochenlanger Logiergast) wie Johann Wolfgang von Goethe (1814).

Sei es nun im Hause Schwarz oder auf den Sonntag-Abendgesellschaften bei der Rudolphi gewesen, Albert Ludwig Grimm lernte in der kurzen Zeit seiner beiden Jahre 1804/05 und 1805/06 viele bedeutende Persönlichkeiten kennen.[15] Zu nennen sind: Friedrich Creuzer (1771–1858), Freund von Schwarz seit 1790 aus Marburger und Gießener Zeiten, im April 1804 als erster neu an die Universität berufener Ordinarius Professor für Klassische Philologie und Alte Geschichte; Carl Daub (1765–1836), Schwarz' reformierter Kollege in der Theologischen Fakultät; Johann Heinrich Voß (1751–1826), im Juli 1805 von Karl Friedrich von Baden mit einem Ehrensalär als privatisierender Professor der Altphilologie für Heidelberg gewonnen, und dessen mit ihm aus

---

14 Lina Schwarz (wie Anm. 8), S. 93.
15 Zu Schwarz und zum gesellschaftlichen Leben in Heidelberg zu Beginn des 19. Jahrhunderts vgl. Schwinge, „freundlich und ernst" (Schwarz), 2007, S. 21–38 und Allgayer 1931, S. 9–14. Wir beschränken uns hier auf die Jahre 1804–1806, die Grimm in Heidelberg verbrachte.

Clemens Brentano, Radierung von Ludwig Emil Grimm 1837 *Achim von Arnim, um 1800, anonyme Zeichnung*

Jena an den Neckar gekommener jüngster Sohn Abraham Voß (1785–1847), in diesen Jahren Student der Alten Sprachen und Hauslehrer am Mädcheninstitut der Rudolphi, mit dem sich Grimm als beinahe Gleichaltriger anfreundete[16]; Johann Georg Zimmer (1777–1853), seit August 1805 Akademischer Buchhändler und Verleger der Heidelberger Romantik und ebenso von Grimms Erstlingswerk als alleiniger Autor, den *Kindermährchen* von 1808/09; Anton Thibaut (1772–1840), seit 1805 Juraprofessor und Gründer wie Leiter des Heidelberger Singvereins, der in den ersten Jahren wöchentlich im Hause Rudolphi zusammenkam (dort fanden ebenfalls gesellige Abende mit Tanz statt); Aloys Schreiber (1761–1813), seit 1805 Professor der Ästhetik und vielseitiger Schriftsteller und früher Herausgeber von Beiträgen Grimms.

Schließlich lernte Grimm im Hause Rudolphi – oder schon vorher im Hause Schwarz – die beiden Hauptvertreter der frühen Heidelberger Romantik kennen: Clemens von Brentano

---

16 Der älteste lebende Sohn Heinrich Voß (1779–1822) studierte Theologie und Philologie in Halle, war bis 1805 Schulmann und Philologe am Gymnasium in Weimar (hier zuletzt Anfang Mai 1805 Beistand des sterbenskranken Schiller), dann in Jena und erst seit Herbst 1807 (also nach Grimms Weggang aus der Stadt) bis zu seinem Tode Professor für Altphilologie in Heidelberg; er schrieb Gedichte, arbeitete an einer Aischylos-Übersetzung, die postum 1826 erschien, und mit seinem Vater und seinem Bruder Abraham an einer Shakespeare-Übersetzung. Heinrich Voß und Grimm sollen ebenfalls Freunde gewesen sein.

(1778–1842), von Juli 1804 bis Herbst 1808 in Heidelberg, allerdings mit Unterbrechungen, und Achim von Arnim (1781–1831), in den Monaten Mai bis August 1805 und noch einmal Januar bis April 1808 am Neckar.[17] Arnim und Brentano wurden bekanntlich in diesen Jahren in Heidelberg und in Kassel die Sammler und Bearbeiter (so besonders Arnim dann von Berlin aus) und schließlich Herausgeber der „alten deutschen Lieder" in den drei Bänden mit dem Titel „Des Knaben Wunderhorn", die mit den Erscheinungsjahren 1806–1808 im Verlag von Mohr und Zimmer in Heidelberg erschienen. Band I kam in Wirklichkeit bereits im September 1805 heraus; das „Nachwort an den Leser" ist vom Juli 1805 datiert.[18]

Brentano und Arnim haben für ihre Volksliedersammlung zwar einerseits schon vorliegende gedruckte Quellen ausgewertet, andererseits jedoch auch mehrere volksnahe Zuträger gehabt. Der eifrigste, vielleicht sogar der erste dieser Zuträger war Albert Ludwig Grimm[19]; als einer, der in Schluchtern und in Mosbach ländlich verwurzelt gewesen war, war ihm wohl das eine oder andere Lied von Kindheit an vertraut. Andere Volkslieder – und ebenso Volksmärchen, Fabeln und Sagen, wie sich später zeigen sollte – hat er auf Wanderungen durch den nahen Odenwald aufgespürt, zusammen mit dem zehn Jahre älteren Albert Ludwig Danquard (1776–1832), damals seit 1805 Rektor der Lateinschule in Mosbach (als einer der Nachfolger von Grimms Onkel Albert Samuel Joseph). Außer Danquard soll Grimm noch weitere mitarbeitende Materialsammler, welche alle älter als er waren und bis auf zwei Ausnahmen, Rudolphi und Schreiber, alle aus Mosbach und Umgebung kamen, für die Folgebände von „Des Knaben Wunderhorn" gewonnen haben[20]:

---

17 Der katholische Publizist und als Dritter in den Heidelberger Romantikstreit der Jahre 1807–1809 verstrickte Historiker Joseph Görres (1776–1848) kam erst zum Wintersemester 1806, als Grimm die Stadt bereits verlassen hatte, für gut zwei Jahre als Privatdozent für Geschichte an den Neckar.
18 Neuerscheinungen auf dem Buchmarkt, nicht nur Jahrbücher, kamen damals und kommen noch heute meistens zur Frankfurter Michaelismesse bzw. Buchmesse heraus, erhielten jedoch als Erscheinungsjahr das Folgejahr eingedruckt.
19 Schewe 1932, S. 129: „Der Hauptbeiträger aber für den ersten Wh-Band aus mündlicher Überlieferung ist offenbar der unermüdliche ‚liebe' Albert Ludwig Grimm." – Vgl. weiter unten.
20 Vgl. Frankfurter Brentano-Ausgabe / FBA, Bd. 9,3, 1978, S. 811; Schewe 1932, S. 130 f.

Auguste von Pattberg geb. von Kettner (1769–1850), Ehefrau des Amtmanns und späteren Hofgerichtsrats Arnold Heinrich von Pattberg aus (Mosbach-)Neckarelz, Dichterin und Sammlerin von Liedern und Sagen[21] (in Mosbach ist heute ein Gymnasium nach ihr benannt); Jakob Albert Joseph (1783–1854), Pfarramtskandidat aus Dallau bei Mosbach und Vetter von Grimm; Johann Wilhelm Röther (1766–1817), Pfarrer in Aglasterhausen in der Nähe von Mosbach; Caroline Rudolphi, von der oben bereits die Rede war; und Aloys Schreiber, aus dörflichen Verhältnissen im nördlichen Schwarzwald stammend, von dem ebenfalls schon die Rede war.[22]

Trotz mancher Bemühungen um die Quellen des „Wunderhorns" ist es nur vereinzelt möglich, Liedtexte eindeutig einem der Zuträger zuzuordnen, zumal Arnim die Manuskripte vielfach bearbeitet und verändert hat. So ist kaum quantitativ zu bestimmen, in welchem Ausmaß die Lieder ihre Wurzeln in der Region Neckar-Odenwald haben. Immerhin wird Grimm im Band I von 1806 einmal ausdrücklich und außerdem im Briefwechsel zwischen den beiden Herausgebern mehrmals namentlich genannt. So heißt es beim Lied I 83 mit der Überschrift „Liebesdienst" (*Es war ein Markgraf über dem Rhein...*, fünf sechszeilige Strophen): „Mündlich durch die gütige Bemühung des Herrn A. L. Grimm aus Schluchtern bei Heilbronn, eines Studierenden in Heidelberg, dem wir noch einige andere verdanken" – ein so öffentlich gedruckter Dank blieb im ganzen „Wunderhorn" einmalig. Grimm hat das Lied vermutlich im Frühsommer 1805 geliefert.[23] In ihrer umfangreichen Korrespondenz schreibt Brentano im September 1805 an Arnim: „Hier vier schöne Lieder, von Grimm aus dem Odenwald gebracht."[24] Am 23. Dezember 1805 heißt es im Brief an Arnim: „zwei Lieder habe ich wieder, ein schönes von Grimm".[25] Kurz vor dem 20. Mai 1806 lesen wir: „überdieß einiges sehr Gute durch den unermüdlichen lieben Grimm".[26] Das gelieferte Material wurde anscheinend jedoch mit der Zeit unbrauchbar in den Augen der Herausgeber; so heißt es zuletzt in einem Brief vom Januar 1808: „Von der Battberg [sic] habe ich ein Päckchen erhalten [...], auch vom Weinheimer Grimm einen Liederbrief mit nichts, gar nichts."[27]

Doch längst hatte Grimm selbst publiziert, und zwar schon im September 1805 den Almanach von 144 Seiten: „Persephone, ein Jahrbuch auf 1806", in Kommission erschienen bei Mohr in Frankfurt (also nicht bei Zimmer in Heidelberg), herausgegeben zusammen mit

---

21 Vgl. Arnim/Brentano, Freundschaftsbriefe, 1998, S. 481 u. 488 (um den 25.1.1808 herum).
22 Ebd., S. 346 (15.2.1806).
23 Schewe 1932, S. 129f. erwägt auch folgende Lieder: I 211, I 213, I 259 und I 329.
24 Arnim/Brentano, Freundschaftsbriefe, 1998, S. 298. Der Herausgeber Schultz schreibt dazu auf S. 844 (mit falscher biographischer Angabe zu Grimm): „Grimm lieferte Arnim und Brentano zahlreiche Lieder, von denen die meisten in den ersten Band des *Wunderhorn* eingingen (vgl. FBA [wie Anm. 20], 9, 3, S. 810 f.). Die vier hier übermittelten kamen jedoch für den bereits erschienenen ersten Band zu spät."
25 Ebd., S. 300.
26 Ebd., S. 377.
27 Ebd., S. 488. – Heinz Röllecke schreibt Grimm insgesamt dreizehn publizierte Lieder zu: FBA [wie Anm. 20], 9,1, 1975, S. 40–56.

Albert Ludwig Danquard[28], so wie es in dieser Zeit unzählige Musenalmanache (auch Taschenbuch oder Jahrbuch betitelt) auf dem Buchmarkt gab, geradezu eine Modeerscheinung. Die Beiträge dieses Bandes stammen außer von Grimm und von Danquard auch von Auguste von Pattberg, von Grimms Bruder Carl Friedrich, von Carl Geib (geb. 1777 in Lambsheim bei Frankenthal in der linksrheinischen Pfalz, gest. 1852 ebendort)[29] und von Caroline Rudolphi und – eine Besonderheit – von Jung-Stilling, dem Schwiegervater von Professor Schwarz. Weit überwiegend handelt es sich um Gedichte nach klassischen Vorbildern in unterschiedlichen Versmaßen und Strophenformen (Danquard 28 Gedichte, A. L. Grimm 24 Gedichte), inhaltlich meist Stimmungsgedichte, hymnische Oden und Naturlyrik.

Jung-Stillings Gedicht trägt den Titel „Die Freundschaft"[30] und ist eine hymnische Ode mit acht Strophen aus je sechs paarweise gereimten Versen: *Freut euch, ihr Jünger der Freundschaft und Liebe! / Feiert den sanften Vereinigungstriebe, / … / Freundschaft und Wohlthun ist stets unsre Pflicht, / Denn auch im Sterben verläßt sie uns nicht.* Als Melodie, nach der die Ode gesungen werden kann, ist darüber angegeben: *Laßt die Politiker nur sprechen* – ein angeblich damals verbreitetes Volkslied[31], dessen Text jedoch nicht ermittelt werden konnte. Dass der 66-jährige Hofrat Jung-Stilling einem 20-jährigen Studenten und Anfänger das Lied zur Verfügung stellte, mag mit der oben schon begründeten Dankesschuld zusammenhängen. Zuerst oder gleichzeitig erschien das Gedicht

---

28 Dazu schreibt Brentano an Arnim Ende September 1805: „Zu meinem allerhöchsten Erstaunen habe ich erfahren müssen, daß unser bescheidener Liedermäkler, der Studente Grimm selbst ein gewaltiger Dichter ist, und dieses Jahr unter dem Nahmen [sic] Persephone einen Musen Almanach bei Mohr herausgegeben hat, […]" – Hieraus ist nicht unbedingt zu schließen, dass Brentano sich über diese Publikation geärgert und sie als Konkurrenzunternehmen empfunden hat, wie verschiedentlich zu lesen ist (Reimers 1985 spricht S. 15 hierzu von „sarkastischen Bemerkungen", was m. E. nicht zwingend ist); denn die Mitarbeit Grimms am „Wunderhorn" ging ja unverändert weiter, wie gezeigt wurde. – Zum Folgenden vgl. Allgayer 1931, S. 16–18; Reimers 1985, S. 71–76.
29 Wie es zu diesem Beiträger gekommen ist, ist nicht mehr ersichtlich.
30 Persephone, S. 131 f.
31 Reimers 1985, S. 72 u. 74.

„Die Freundschaft" allerdings in dem 1806 in Dortmund herausgegebenen „Taschenbuch für bildende, dichtende und historische Kunst" von Wilhelm Aschenberg.[32] 1808 und nach Jung-Stillings Tod wurde das Gedicht noch insgesamt vier (bzw. fünf) Mal gedruckt.[33]

Doch hat Grimm in seiner Anfangszeit nicht nur Gedichte, sondern auch schon Prosatexte verfasst.[34] So sind neben zwei weiteren „lyrischen Gedichten", die in Miltenberg im „Amorbacher Almanach auf das Jahr 1806" gedruckt wurden[35], auch je zwei Reiseaufsätze und zwei Volkssagen bekannt, die Aloys Schreiber 1806/07 in seine bei Mohr und Zimmer in Heidelberg erscheinende „Badische Wochenschrift zur Belehrung und Unterhaltung für alle Stände" aufgenommen hat[36].

---

32 Dort S. 62–64. – Das „Bergische Taschenbuch" erschien mit wechselndem Titel und zunächst in Düsseldorf von 1798 bis 1806. Jung-Stilling veröffentlichte in ihm verschiedene Beiträge, vor und während er von 1805 bis 1816 im Nürnberger Verlag Raw sein eigenes „Taschenbuch für Freunde des Christenthums" publizierte. Vgl. Schwinge, Jung-Stilling, 1994, S. 287–289. – Aschenberg war lutherischer Pfarrer, bekannt als Dichter und Geschichtsschreiber – ebd., S. 287, Anm. 103.

33 Weitere Drucke: *Stillings kleine gesammelte Schriften*, 2. Band, Frankfurt am Main 1808, S. 236–238; *Johann Heinrich Jung's genannt Stilling: Gedichte. Nach seinem Tode ges. u. hrsg. von seinem Enkel Wilhelm Elisas Schwarz* [einem Sohn von Prof. Schwarz], Frankfurt am Main 1821, S. 167–169; *Johann Heinrich Jung's genannt Stilling sämmtliche Schriften*, Bd. XIII, Stuttgart 1838, S. 287 f. (Reprint Hildesheim 1979); *Johann Heinrich Jung's genannt Stilling sämmtliche: Werke*, Bd. 12, Stuttgart 1842, S. 662 f.

34 Zum Folgenden vgl. Allgayer 1931, S. 139.

35 S. 19 u. 161. Es sind nur die drei Jahrgänge 1804–1806 des Almanachs nachweisbar. – Miltenberg, am südlichen Spessartrand am Main gelegen, war wie das benachbarte Amorbach hessisch.

36 Reiseaufsätze in Jg. 1806, Sp. 299–301 u. Jg. 1807, Sp. 101–105; Volkssagen: „Die Jungfrauen aus dem See" in Jg. 1806, Sp. 342–344, „Die Kapell" in Jg. 1807, Sp. 286–288. – Schreibers Wochenschrift hatte nur eine geringe Lebensdauer von drei Jahrgängen in kaum mehr als 18 Monaten und hatte anfangs 1806 den Titel „Kurfürstlich (bzw. Großherzoglich) privilgierte Wochenschrift für die Badischen Lande". Auch Auguste von Pattberg und Danquard lieferten Beiträge. – Selbstständig und ohne Verlagsangabe wurde von Mohr und Zimmer 1807 Grimms 19-Seiten-Schrift „Reise in die Gegend von Goldau und Lauwerz nach dem Bergfalle" gedruckt. Der Bergsturz von Goldau und Lau(w)erz in der Schweiz nordöstlich vom Vierwaldstätter See am 2. September 1806 war eine große Naturkatastrophe mit 457 Toten. Die „Allgemeine Literatur-Zeitung" von 1808, Sp. 684 schreibt zu Grimms Schrift: „Dieses Fragment einer Schweizerwanderung hat, auch in Hinsicht auf die Katastrophe jener Gegend, kein anderes Interesse als die darin mitgetheilte mündliche Erzählung einer Dienstmagd", die als Betroffene auf wunderbare Weise gerettet wurde. „Dann sind noch einige der damals über diesen Bergfall verbreiteten Erzählungen berichtigt." Dass Grimm selbst Anfang Oktober 1806 auf Wanderschaft in der Schweiz gewesen sein will, geht aus seinen Reiseberichten hervor. Vgl. Allgayer 1931, S. 19 f. Dies ist insofern verwunderlich, ja unglaubwürdig, als Grimm laut seiner Personalakte gerade erst Ende September von Heidelberg nach Weinheim gewechselt war – vgl. den Beginn des nächsten Kapitels.

Wenn man annimmt, dass Grimm in diesen zwei Jahren auch schon Stoff für sein Märchenbuch von 1808 sammelte, dann hat er in Heidelberg zwar viel gelesen, viel gesammelt – auch auf Wanderungen – und viel geschrieben, aber wenig Theologie studiert. Dennoch ergab sich im Herbst 1806 überraschend, dass Grimm, vermutlich durch Vermittlung von Schwarz, die Stelle eines Schulrektors in Weinheim an der Bergstraße antreten konnte, sogar ohne bereits eine theologische Prüfung abgelegt zu haben. Da er als mittellose Waise dringend darauf angewiesen war, eine bezahlte Beschäftigung zu finden, musste er diese Gelegenheit selbstverständlich wahrnehmen.

In Weinheim:

Schulleiterstellen, erste Buchveröffentlichungen und Familiengründung

1806–1825

„Unterm 24ten September 1806 wurde dem damaligen studiosus theologiae Albert Ludwig Grimm durch den evangelisch reformirten Kirchenrath das Rectorat an der lateinischen Schule in Weinheim provisorisch unter der Voraussetzung übertragen, dass er sich dem bestimten [sic] Examen unterwerfen und darin bestehen werde. Er erfüllte diese Bedingung aber nicht, indem er kein Examen machte; gleichwohl wurde er unterm 25ten März 1812 zum Professor ernannt, u. unterm 4ten Juni desselben erhielt er eine Besoldungszulage von 100 fl. […] nebst der Versicherung, daß er dereinst ein Gehalt von 600 fl. nebst freier Dienstwohnung erhalten werde […]" So steht es in einem Bericht des badischen Ministeriums des Innern an den Großherzog vom 8. Mai 1841.[37]

Bei der Schule habe es sich um eine „Musterschule" gehandelt.[38] Nach den Weinheimer Schulakten im Landeskirchlichen Archiv Karlsruhe war die entsprechende Rektoratsstelle vakant gewesen, nachdem durch die Neuregelungen der konfessionellen Schulverhältnisse 1806 aus dem reformierten Pädagogium eine Lateinschule ohne Unterschied der Konfessionen (einschließlich der katholischen Konfession!) geworden war.[39] Dass Grimm, zwar noch ohne Examen und also nicht als Pfarrkandidat rezipiert, diese Rektorstelle übertragen wurde, weil seine Versorgung als zwanzigjährige Waise besonders dringlich schien, war möglicherweise dem Einfluss seines „Ersatzvaters" Schwarz zu verdanken. Dies mag ebenso dafür gelten, dass Grimm 1808 zusätzlich eine Diakonatsstelle, also die (ebenfalls gering dotierte) Stelle eines zweiten reformierten Pfarrers mit Predigtverpflichtungen zugesprochen wurde.

In ähnlicher Weise hatte 1813/14 der älteste Schwarz-Sohn *Wilhelm* Heinrich Elias Schwarz (1793–1873) eine nebenamtliche lutherische Diakonatsstelle inne.[40] Schwarz begann zuvorderst jedoch im März 1814 als 21-Jähriger in Weinheim als ordentlicher Rektor des überkonfessionellen Pädagogiums offiziell seine Berufslaufbahn, nachdem er diese Tätigkeit provisorisch bereits seit dem 23. Juli 1813 versehen hatte. Er konnte sich in den Jahren 1816 bis 1818 aber beurlauben lassen, um im etwa 20 Kilometer südlich gelegenen Heidelberg 1816 in der Philo-

---

37 GLA 76/2977 (Diener- = Personalakte A. L. Grimm), Bl. 11.
38 Ebd., Bl. 29 (Übersichtsbogen 1852/53 vor der Pensionierung).
39 LKA (Ministerium des Innern, Evang. Kirchensektion) SpA 12961: Schulverhältnisse Weinheim u. 12964: Rektorstelle Weinheim. Hiernach war das Nachholen des Examens für 1807 vorgesehen gewesen. Seit 1810 beinahe jährlich Grimms Bitten um Besoldungszulagen, welche z. T. als „Gratial aus dem Fond des KirchenAerariums" gewährt wurden.
40 Neu, Pfarrerbuch, Teil I s. v. Weinheim, Teil II s. v. Grimm u. Schwarz; vgl. Zinkgräf, Weinheimer Kirchengeschichte, 1932, S. 120.

sophischen Fakultät mit einer 24-seitigen lateinischen Dissertation über ein dogmengeschichtliches Thema zum Dr. phil. zu promovieren und während der zwei Jahre bis 1818 sich zugleich in Karlsruhe etwas Geld als Hofmeister, also als Hauslehrer des damals einzigen Sohns Rudolf Otto (geb. 1805) der Familie von Staatsminister Carl Christian Freiherr von Berckheim (1774–1839, der fünf Jahre später der Unionssynode von 1821 präsidierte) zu verdienen.[41]

Neben Vater Schwarz in Heidelberg hatte Grimm auch in der Evangelischen Kirchensektion des Innenministeriums in Karlsruhe einen Fürsprecher, nämlich den dort seit 1807 tätigen reformierten Ministerial- und Kirchenart Johann Ludwig Ewald (1748–1822), einen Freund Jung-Stillings und dadurch ebenfalls Freund der Familie Jung-Schwarz, der 1805–1807 Professor für Moral- und Pastoraltheologie in Heidelberg gewesen war. So setzte sich Ewald schon 1811 qua Amt dafür ein, dass Grimm der „Charakter eines Professors" verliehen wurde.[42] Die Ernennung erfolgte am 25. März zum 1. April 1812 durch Großherzog Karl; und am 26. Mai wurde Grimm die „1. Lehrerstelle an der mit der Musterschule verbundenen und mit dem lutherischen Rektorat gemeinschaftlich gewordenen lateinischen Schule" übertragen.[43] Dabei spielte auch eine Rolle, dass Grimm 1812 – und noch einmal 1814 – Berufungen auf etwas höher dotierte Stellen aus dem nichtbadischen „Ausland" erreicht hatten, und zwar durch seinen Patenonkel Johannes Grimm, dem Rektor in Gemarke im Bergischen Land. Wiederum soll es Ewald gewesen sein, der – jeweils verbunden mit mäßigen Besoldungserhöhungen – Grimm dazu bewegte, weiterhin seinem „Vaterland" treu und in Weinheim zu bleiben.[44]

Im Herbst 1808 traf Grimm, nach dem frühen Tod seines Vaters im Jahr 1800, ein neuer familiärer Schicksalsschlag: Sein fünf Jahre älterer Bruder Carl Friedrich, seit Ostern erst „Collaborator" am reformierten Heidelberger Gymnasium, starb am 23. Oktober, als er ein verunglücktes Kind hatte retten wollen.[45] Albert Ludwig eilte nach Heidelberg und ließ den Bruder zwei Tage später in Weinheim begraben.[46] Damit war auch der letzte nahe Verwandte, der geliebte Bruder, nicht mehr unter den Lebenden.

Einen Monat vorher, „im Herbstmonat 1808", also im September, hatte Grimm das ausführliche Vorwort zu seiner ersten eigenen Buchveröffentlichung geschrieben: zu dem rund 215 Seiten starken Kleinoktav-Bändchen *Kindermährchen*, welches dann ohne Jahresangabe im

---

41 GLA 76/7162 (Diener- = Personalakte Wilhelm Schwarz). – Vgl. den Aufsatz des Verf.: Traditionelle Christlichkeit und liberaler Geist. Wilhelm Schwarz (1793–1873) – jahrzehntelang Stadtpfarrer in Mannheim und Angehöriger der Mannheimer Großfamilie Jung-Schwarz – inmitten einer zunehmend liberalen Gesellschaft und Kirche, in: *Mannheimer Geschichtsblätter* – rem-magazin 2011.
42 LKA SpA 12964.
43 GLA 76/2977, Bl. 8, 11 u. 29.
44 LKA SpA 12964; GLA 76/2977, Bl. 8/9. Vgl. Reimers, S. 20 f.
45 Reimers, S. 19 f.
46 LKA, Kirchenbuch Weinheim, Beerdigtenregister, 1808: „d. 23t. oct. den[atus] Karl Friederich Grimm, Collaborator am Gymnasium zu Heidelberg, ledigen Standes. 27 Jahre, 1 Mo[nat]. Abzehrung. d. 2t. sepult[us]."

Jahr darauf im Heidelberger Romantiker-Verlag Mohr und Zimmer erschien.[47] Damit kam Albert Ludwig Grimm dem ersten Band der *Kinder- und Hausmärchen* von 1812 der gleichaltrigen Brüder Jakob und Wilhelm Grimm, mit denen er in keiner Weise verwandt war, um drei Jahre zuvor.[48] – „An Aeltern und Erzieher" gerichtet, schreibt Grimm, dass die Märchen für Eltern und Erzieher zum Vorlesen oder Nacherzählen am Abend bestimmt sind, nicht für die Hände der Kinder zum Selberlesen.

Dabei verweist er auf die Gepflogenheiten „in dem häuslichen Kreise unsers verdienstvollen deutschen Pädagogen, des Hrn. Kirchenraths Schwarz" und fährt fort: „Besonders Euch seyen diese Blätter geweyht, Ihr Mütter! besonders dir, glückliche Mutter acht blühender Kinder."[49] Er selbst habe alle Märchen (bis auf

Kindermährchen

von

Albert Ludewig Grimm.

Mit Kupfern.

Heidelberg,
zu finden bei Mohr und Zimmer.

---

47 Im Handbuch zur Kinder- und Jugendliteratur / HKJL von 1998 [Bd. 4: 1800–1850] findet sich in Sp. 1363–1368 eine genaueste bibliographische Beschreibung dieses und der anderen einschlägigen Werke Grimms, in Sp. 835–848 eine eingehende Behandlung der *Kindermährchen* durch Bettina Hurrelmann. Die Faksimilereprint-Ausgabe der *Kindermährchen* von 1992 (VIII, 208 S.) hat Ernst Schade auf S. 209*–296* mit einem „Nachwort und Kommentar" versehen. – Alle Kinder- und Jugendbücher Grimms sind im Kleinoktav-Format und illustriert erschienen, zudem in vielen, immer wieder auch etwas veränderten Auflagen und Ausgaben bis zu seinem Tode 1872 und danach bis 1921. – Dass nach den *Kindermährchen* von 1808/09 kein weiteres Buch mehr von Zimmer verlegt wurde, ist darin begründet, dass Johann Georg Zimmer seit 1811 neben seinem Beruf in Heidelberg Theologie studierte und 1815 ins Pfarramt nach Schriesheim wechselte; vgl. Schwinge, „freundlich und ernst" (Schwarz), 2007, S. 29 f.

48 Die beiden Juristen Jakob (1785–1863, Bibliothekar und Märchenforscher) und Wilhelm Grimm (1786–1859, Märchensammler und -redaktor) verfolgten zunächst allerdings andere, nämlich ethnographische sowie literatur- und sprachgeschichtliche Ziele. Ihre dann populären *Kinder- und Hausmärchen*-Ausgaben sind im Grunde Produkte der zweiten Hälfte des 19. Jahrhunderts. Gleichwohl gab es 1812 und in den darauf folgenden Jahren gegenseitige Konkurrenzgedanken und entsprechende gedruckte Äußerungen. (Vgl. Schade, 1992, S. 226*; Hurrelmann, 1998, Sp. 839.) In den Schul-Lesebüchern der folgenden Jahrzehnte stehen zunächst mehr auf Albert Ludwig Grimm zurückgehende Volksmärchen als solche der Brüder Grimm. (Schade, 1992, S. 212*: „Da man in dieser Zeit in Lesebüchern lehrreichen Märchen mit parabolischem oder fabelartigem Charakter den Vorzug gab, übernahm man zunächst viele Märchen von Albert Ludwig Grimm." Vgl. dort S. 228*.)

49 Hanna Schwarz geb. Jung hatte mit ihrem Mann damals (im Sept. 1808) acht Kinder im Alter zwischen 15 Jahren und sieben Monaten; es folgten noch zwei weitere Kinder.

A. L. Grimm, Schneewittchen, 1809

ein einziges) „mehrmals in einem zahlreichen Kinderkreise erzählt oder vorgelesen", um zu prüfen, ob er den „rechten Ton getroffen" habe.

Die Sammlung besteht aus 15 Texten mit sechs eingestreuten ganzseitigen Kupferstichen, nämlich vier längeren Märchen und zwei längeren Fabeln sowie neun „kleineren Märchen, Fabeln und Parabeln"[50], von denen die Märchen und Parabeln dieses „Anhangs" wie auch eins der Hauptmärchen von Grimm selbst stammen, wie es im Vorwort heißt. Hier sollen nur die beiden ersten Märchen, die aus der mündlichen Erzähltradition stammen und auch sonst auftauchen, genannt werden: Die Sammlung beginnt mit „Schneewittchen", als der allerersten

---

50 Die Zuordnung zu diesen drei Gattungen ist nur zum Teil angegeben und sonst nicht immer eindeutig. Vgl. Schade, 1992, S. 224*: Beim Märchen „hat sich seine Bedeutung im heutigen Sinne erst in der Mitte des 19. Jahrhunderts ausgebildet, so daß in der Sammlung von A. L. Grimm der Begriff Mährchen noch sehr weit gefaßt ist und unterschiedliche Dichtungsformen beinhaltet", eben auch didaktisch-lehrhafte Erzählformen.

Druckfassung dieses später sehr bekannten Märchens überhaupt, allerdings von Grimm als ein Drama in zwei Akten mit verteilten Personenrollen gestaltet und nur in der Grundkonzeption mit dem allgemein bekannten Schneewittchen-Märchen übereinstimmend.[51] Bei dem folgenden Märchen „Hanns Dudeldee" handelt es sich um das bekannte, meist plattdeutsch überlieferte Märchen „Vom Fischer und sine Fru".[52] – Diese erste Märchensammlung war trotz einer gewissen mangelnden Geschlossenheit recht erfolgreich: Schon vor der 2. Auflage 1817 erschien 1812 ein Nachdruck und 1869, drei Jahre vor Grimms Tod, eine 6. Auflage. Dazu wird beigetragen haben, dass Grimms väterlicher Freund Professor Schwarz zwei Mal empfehlend öffentlich auf die *Kindermährchen* aufmerksam gemacht hat, nämlich mit einer Rezension in den *Heidelbergischen Jahrbüchern der Literatur* schon 1809 und dann noch einmal 1835 in seinem Hauptwerk, im *Lehrbuch der Erziehungs- und Unterrichtslehre*.[53]

A. L. Grimm, Märchen der 1001 Nacht, 1820

Auch in seinen folgenden Kinder- und Jugendbüchern kann man „die Verknüpfung von pädagogischen und literarischen Interessen, von aufklärerischen Denktraditionen mit der neuen Begeisterung für die Volksliteratur"[54] wiederfinden, wenn es auch nicht mehr eigene Schöpfungen, sondern fast nur noch Neubearbeitungen vorhandener Stoffe in immer größer werdendem Umfang sind. Das gilt noch nur zum Teil für *Lina's Mährchenbuch* (2 Bände, 1816)

---

51 S. 1–76. – „Das Mährchen vom Schneewittchen ist nach einem unter mancherley starken Abweichungen bekannten Volksmährchen dieses Namens, aber nach eigener Umformung bearbeitet" – S. VIII (Vorwort). Vgl. Hurrelmann, 1998, Sp. 841 f.
52 S. 77–92.
53 *Heidelbergische Jahrbücher der Literatur*, 2 (1809), 5. Abth.: Philologie, Historie, schöne Literatur und Kunst, S. 192; *Lehrbuch der Erziehungs- und Unterrichtslehre* [3., umgearb. Aufl. von *Lehrbuch der Pädagogik und Didaktik*, 1805], Neuausg. Paderborn 1968, S. 194. – In der *Encyclopädie der deutschen Nationalliteratur oder biographisch-kritisches Lexicon der deutschen Dichter und Prosaisten seit den frühesten Zeiten*, bearb. u. hrsg. von O. L. B. Wolff, Bd. 3, Leipzig 1838, S. 292 heißt es in einem Kurzartikel über A. L. Grimm: er sei ein „interessanter Jugendschriftsteller" und ein „geistvoller Verfasser", seine „Jugendschriften sind vortrefflich und dem Besten anzureihen, was die deutsche Literatur in dieser Gattung aufzuweisen hat". – Vgl. Hurrelmann, 1998, Sp. 848.
54 Hurrelmann, 1998, Sp. 837.

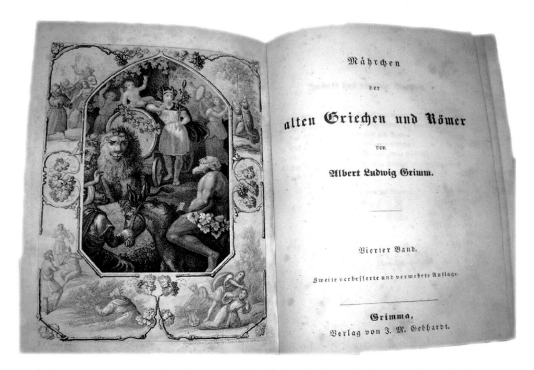

und die „2., vermehrte und verbesserte Auflage" der *Kindermährchen* (1817), wohl aber gänzlich für die *Geschichten aus der heiligen Schrift* (1817, von denen gleich noch die Rede sein soll), die *Mährchen der Tausend und Eine Nacht* [sic] (1820) und die *Mährchen der alten Griechen und Römer* (2 Bände, 1824–1826, später in 4 Bänden). Bei Grimms kindgemäß auswählender und bisweilen verändernder Bearbeitung sowohl orientalischer Märchen als auch griechischer Sagen für die Jugend scheint der auch schon damals weithin bekannte Schriftsteller, Antikenforscher und Übersetzer Johann Heinrich Voß (†1826), der Vater seiner Heidelberger Freunde Heinrich Voß (†1822) und Abraham Voß, Pate gestanden zu haben. Voß nämlich hatte 1781 zuerst Homers *Odyssee* originalgetreu in Hexametern übersetzt und 1793 noch einmal Homers Werke einschließlich der *Ilias* dreibändig herausgebracht und ebenso 1781–1785 die *Geschichten aus 1001 Nacht* in sechs Bänden erstmals als deutsche Übersetzung der ersten europäischsprachigen, nämlich französischen Ausgabe des Orientalisten Antoine Galland aus den Jahren 1704–1708 erscheinen lassen.[55]

---

55 Vgl. Reimers 1985, S. 217 ff. zu den *Mährchen der Tausend und Eine Nacht* [sic] (1820) (dort Anm. 384: Galland mit falschem Vornamen; außerdem Hinweise auf Herder und auf Goethes *West-östlichen Divan*, 1814–1819); S. 223: „In dem morgenländischen Erzählstoff hat der Autor offensichtlich den Gegenstand gefunden, der seiner Anlage zum Fabulieren, der Freude an detaillierter Darstellung und lebhafter Dialogführung am weitesten entspricht, wobei die letztere stark ausgeweitet wird." – Reimers 1985, S. 228 ff. zu den *Mährchen der alten Griechen und Römer* und S. 240 Hinweis auf die seit 1838 sich zum Standardwerk entwickelnde Sammlung *Die schönsten Sagen des klassischen Altertums* von Gustav Schwab.

Mit schier unvorstellbarer Schaffenskraft, neben der ständigen Ausübung des Lehrerberufs, beflügelt durch verschiedene positive Rezensionen und den nachfolgend erfolgreichen Verkauf, brachte Grimm in den Jahren 1820–1826 erweiternd und zusammenfassend eine 7-bändige *Mährchen-Bibliothek für Kinder – Aus den Mährchen aller Zeiten und Völker* heraus, die vier neue Bände von *Mährchen der Tausend und Einen Nacht* neben drei

schon anders erschienenen Bänden einschloss. Freilich war Grimm bis zum Jahr 1825 beziehungsweise 1824 lediglich als Schulrektor und noch nicht auch als Politiker tätig. Theoretisch-grundsätzliche Äußerungen zur Märchenliteratur gibt es von Grimm nicht; er war ganz am Pädagogisch-Praktischen interessiert. Bei der Auswahl seiner Stoffe ging er durchaus uneinheitlich und eklektisch vor.

Nicht eingegangen werden soll auf die unselbstständigen Veröffentlichungen – Gedichten, Erzählungen und ähnlichem –, welche Grimm von Weinheim aus als Beiträge in verschiedenen Zeitschriften und Almanachen dieser Zeit drucken lassen konnte.[56] Auf zwei ganz andere Buchveröffentlichungen jener Jahre sei jedoch noch besonders eingegangen, von denen die erste sogar bisher nirgendwo vorgestellt worden ist.

Die beiden Bände *Geschichten aus der heiligen Schrift, für Knaben und Mädchen erzählt*, je ein Band für das Alte und für das Neue Testament, erschienen 1817 mit 120 Holzschnitten bei dem Heidelberger Verleger Joseph Engelmann.[57] – Grimm wird vermutlich über seinen Gönner Kirchenrat Ewald von den Verhandlungen um eine neue badische Biblische Geschichte in den Jahren 1813 bis 1818 erfahren haben. Dennoch hat er seine zweibändigen *Geschichten aus der heiligen Schrift* wohl unabhängig von den damals im Badischen vorliegenden schulischen evangelischen und katholischen Kinderbibelbüchern von Johann Hübner (zuletzt 1799, 1811 und 1817), Christoph von Schmid (zuletzt 1810 und 1813), Bernhard Galura (1806), Ewald (1814–1816) und Jung-

---

56 Vgl. Allgayer 1931, S. 139–141; Reimers 1985, S. 373 f. u. 376.
57 HKJL [4], 1998, Sp. 1363 f.: bibliograph. Details (Parallelausgabe: Verlag J. Chr. Herrmann Frankfurt a.M.; „Neue wohlfeile Ausgabe": Koblenz: Hölscher 1827; Microfiche-Ausgabe in der Bibliothek der deutschen Literatur) und Kurzcharakterisierung. – Zum Drucker und Verleger siehe Albert Carlebach: Joseph Engelmann, … [Heidelberg 1925], 27 S., 2 Abb.

Stilling (1808–1816) als Lesebücher „erzählt", wie er ähnlich vor 1817 und mehr noch nachher Märchen und Sagen für die Jugend bearbeitet hat.[58] Beide Bände beginnt er mit einer „Vorrede für die Kinder", doch eigentlich weniger für Kinder als mindestens für Jugendliche formuliert: Die lehrreiche Geschichte Gottes mit den Menschen ist für Grimm eine stufenweise Erziehung zur Vollkommenheit, Eltern und Kindern zum Vorbild. Danach wählte er die Geschichten unter dem Gesichtspunkt der Nützlichkeit und Verständlichkeit aus – „ich will ja, daß ihr durch dieses Buch schon jetzt mit der Bibel bekannt werdet, ob ihr sie selbst gleich jetzt noch nicht lesen könnt".[59] Doch eine „strenge Auswahl hat der Verf., vornehmlich im 1. Bande, nicht getroffen", sondern „meist mit den biblischen Ausdrücken, ohne sie immer zu erklären, erzählt".[60] Und in der Vorrede zum zweiten Band heißt es: „Möge recht vieles von diesen Geschichten euer Herz rühren, und euch zu treuen Anhängern der Religion dieses göttlichen Lehrers Jesus Christus erwecken!"[61] Als neues Schulbuch für den evangelischen (und teilweise auch für den katholischen) Religionsunterricht in Baden wurden dann jedoch Johann Peter Hebels *Biblische Geschichten* von 1824 eingeführt; sie blieben in Gebrauch bis 1855, und Grimm wird sie als Lehrer wohl ebenfalls benutzt haben.

1822 ließ Grimm zudem zum ersten Mal auch ein historisch-geographisch beschreibendes Buch erscheinen, also kein Kinder- und Jugendbuch, nämlich: *Vorzeit und Gegenwart an der Bergstraße,*

---

58 Vgl. Gerhard Schwinge: Hebels *Biblische Geschichten* von 1824 – im Vergleich mit ebenfalls in Baden verbreiteten oder entstandenen Bibelbearbeitungen für Kinder von Hübner (1799/1811/1817), Schmid (1810/1813), Galura (1806) und Ewald (1814–1817) sowie Grimm (1817) und Jung-Stilling (1808–1816). In: Jahrbuch für badische Kirchen- u. Religionsgeschichte / JBKRG 3 (2009), S. 223–246.
59 Band 1, S. X.
60 So die kurze Anzeige des Werks in der Leipziger Literatur-Zeitung 1818, Nr. 142, Sp. 1136.
61 Band 2, S. VII f.

dem Neckar und im Odenwald – Erinnerungsblätter für Freunde dieser Gegenden, mit 35 Kupferstichen. Es sollte der Kenntnis und dem Erwandern einer Gegend und damit dem Fremdenverkehr einer Region dienen, welche nunmehr seit bald zwei Jahrzehnten seine neue Heimat geworden war: die Bergstraße von Darmstadt über Weinheim bis Schriesheim, das Neckartal von Mannheim über Heidelberg bis Wimpfen und der dazwischen liegende Odenwald. Die Stadt Weinheim brachte 1996 sogar ein Faksimilereprint dieser Erstausgabe mit einem Nachwort heraus.[62]

Innerhalb von gut zehn Jahren hatte Grimm sich in seiner neuen Heimatstadt Weinheim ein solches Renommee erworben, dass er 1818 in hohe Kreise der Gesellschaft einheiraten und sich dadurch ebenfalls ein ansehnliches Vermögen erwerben konnte. Ihn heiratete nämlich – so sicherlich richtiger formuliert – am 25. August 1818 die ein Jahr zuvor verwitwete Medizinalrätin *Auguste* Wilhelmine Falk (1777–1832). Sie war neun Jahre älter als Grimm, anscheinend kinderlos, dazu nicht nur als Arztwitwe vermögend, sondern auch als eine geborene Baronin von Wallbrunn. Die von Wallbrunns waren ein altes Reichsrittergeschlecht und in diesem Zweig eine baden-durlachische Offiziers- und Beamtenfamilie. Wenn man der Aussage der jüngsten Schwarz-Tochter Caroline in ihren Erinnerungen von 1863, also 55 Jahre später, trauen darf, war auch hier die fürsorgliche Zuneigung der Familie Professor Schwarz mit im Spiel; denn Hanna Schwarz und Auguste Falk sollen Freundinnen gewesen sein[63] – auf Grund welcher Beziehung, ist nicht mehr festzustellen. Die Trauung[64] fand, wohl auch aus Schicklichkeitsgründen, im Heimatort der Frau, in dem kleinen Dorf Bauschlott zwischen Pforzheim und Bretten statt und wurde „nach erhaltenen Dimissorialscheinen" von dem befreundeten Schwarz-Sohn, dem „Ev. luth. Stadtpfarrer" Dr. phil. Wilhelm Schwarz vollzogen; Trauzeugen waren der damalige Schulprofessor Dr. Friedrich Dreuttel aus Pforzheim und der damalige Weinheimer Vikar Ludwig Wundt. – Sicher war es der Wunsch beider Eheleute, noch eigene Kinder zu bekommen, der Frau, weil sie noch kinderlos war, des Manns, auch weil er in Beruf und Schriftstellerei sich besonders den Kindern und Jugendlichen zugewandt hatte. So wurde am 17. Januar 1820, als Auguste Grimm schon 43 Jahre alt und Albert Ludwig Grimm auch schon 34 Jahre alt war, als erstes Kind die Tochter Auguste Albertine geboren und von Wilhelm Schwarz getauft; sie starb jedoch schon zwei Jahre später. Im selben Jahr 1822 wurde am 5. September der Sohn Karl Ludwig geboren und ebenfalls von Wilhelm Schwarz getauft; auch er starb im Kindesalter, nämlich mit 16 Jahren 1838. Sechs Jahre zuvor war jedoch bereits am 28. August 1832 die Mutter Auguste Grimm geb. von Wallbrunn verstorben. Die spät geschenkte Familiengeborgenheit währte also nicht einmal eineinhalb Jahrzehnte. 1833 heiratete Grimm allerdings erneut, wie weiter unten darzustellen ist.

---

62 Vgl. Grau/Guttmann: Weinheim, 2008, S. 245 f.: „Der spätere Bürgermeister und Landtagsabgeordnete förderte den Fremdenverkehr zudem ganz praktisch, indem er den Speicher der von ihm erworbenen Kellerei im Schloss zu Fremdenzimmern ausbauen ließ." Auch bemühte er sich darum, in Weinheim Kureinrichtungen zu schaffen.
63 Lina Schwarz, Erinnerungen, 1863, S. 107.
64 Zum Folgenden Reimers, S. 22–24.

Grimm als Abgeordneter der II. Kammer in Karlsruhe und als Oberbürgermeister von Weinheim (1831)

In Karlsruhe und in Weinheim:

Politisches Wirken im Landtag und als Bürgermeister, neues Familienleben

1825–1838

1825 ließ sich Grimm, nach knapp zwei Jahrzehnten Einbürgerung in Weinheim, von den Wahlmännern des Amtsbezirks 35 Weinheim-Ladenburg als Wahlkreis zum Abgeordneten für die Zweite Kammer der Badischen Ständeversammlung wählen.[65]

1818 hatte das Großherzogtum Baden nach den Verhandlungen des Wiener Kongresses als erstes Fürstentum des Deutschen Bundes eine Verfassung erlassen, die zudem in einer Zeit der beginnenden Restauration bald als verhältnismäßig liberal weite Anerkennung erfuhr. Sie schuf als Parlament eine Ständeversammlung mit einer Ersten und einer Zweiten Kammer. Während die wenig einflussreiche Erste Kammer aus berufenen Mitgliedern des großherzoglichen Hauses, des standesherrlichen und grundherrlichen Adels, der beiden Landesuniversitäten und der Repräsentanten der beiden großen Kirchen bestand, wurden die anfangs 63, später 77 Abgeordneten der Zweiten Kammer in Amtsbezirken von Wahlmännern, nämlich männlichen Ortsbürgern mit einem Mindestalter von 25 Jahren und einer bestimmten steuerlichen Abgabenhöhe, also in einer indirekten Wahl gewählt. Die passive Wählbarkeit setzte ein Mindestalter von 30 Jahren und ebenfalls eine bestimmte Steuerabgabe oder eine Tätigkeit in einem öffentlichen Amt voraus. – Die Ständeversammlung wurde nach den ersten Landtagswahlen Anfang 1819 im April im Karlsruher Schloss eröffnet, tagte dann seit 1822 im neu errichteten Ständehaus, anfangs alle zwei, seit 1825 vorübergehend nur noch alle drei Jahre mit jeweils mehreren Sitzungsmonaten, und sollte laut Verfassung ursprünglich für acht Jahre gewählt sein. 1823 wurde der Landtag jedoch durch die Regierung aufgelöst, und zwei Jahre später wurde die 1825 beginnende Parlamentsperiode durch eine Verfassungsänderung auf sechs Jahre verkürzt.

Die Zweite Kammer hatte im Vergleich zur modernen parlamentarischen Demokratie nur eingeschränkte, gleichwohl damals fortschrittliche freiheitliche Rechte: vor allem das Motionsrecht, also das Recht Anträge, so genannte Motionen, an die Regierung zu richten, oft aufgrund von Eingaben, so genannten Petitionen aus dem Volk; außerdem das Budgetrecht, also das Recht Steuern und das Landesbudget zu bewilligen. Außerdem wurden alle Gesetzesvorhaben der großherzoglichen Regierung beraten und damit öffentlich gemacht. Die staatliche Zensur konnte zeitweilig aufgehoben, eine relative Pressefreiheit erreicht werden. Dass die Kammer in einer solchen konstitutionellen Monarchie sich vor allem als liberale Opposition verstand, welche im Laufe des Vormärz allerdings immer radikaler wurde – trotz zeitweise liberal gesinnter Minister –, lag von vornherein nahe.

---

65 Zum Folgenden vgl. Allgayer 1931, S. 27–64, dessen detaillierte, mit vielen Zitaten angereicherte Ausführungen überwiegend auf den *Verhandlungen der badischen Landstände* (so zitiert) beruhen.

Das Ständehaus von Nordosten um 1830

Grimm muss sich als Kammermitglied von Anfang an stark engagiert haben und anerkannt worden sein; denn er wurde gleich 1825 zum Mitglied der Petitionskommission und 1828 sogar mit großer Mehrheit zu deren Sekretär gewählt. Gleichwohl gehörte er zu der mit nur drei Abgeordneten sehr kleinen Minderheit der „freisinnigen Opposition", welche sich gegen die Regierung zu stellen wagte. Dabei wurde Grimm von einem anderen Kammermitglied, dem Freiburger Staatswissenschaftler Karl von Rotteck bescheinigt: „Er besitzt das schöne Talent, den regsten Eifer für die Sache mit der schonendsten Form des Vortrags zu verbinden."[66] Die beiden anderen Opponenten, welche wie Grimm 1831 wieder in den Landtag einzogen, waren der Freiburger Jurist Geheimrat und Professor Johann Georg Duttlinger und der Mannheimer Oberhofgerichtsrat Matthias Föhrenbach, 1831 sogar zum Kammerpräsidenten gewählt, während Duttlinger einer der Vizepräsidenten wurde. Die Mehrheit der Deputierten war damals jedoch von einem Geist der Servilität und des Bürokratismus bestimmt und stimmte immer bereitwilligst für die Vorlagen der Regierung. – Sachlich ging es um Fragen der Verfassungsänderung beziehungsweise der Verfassungstreue[67] und der Wahlfreiheit, um die Einführung einer Gemeindeordnung, um die

---

66 Allgayer 1931, S. 31.
67 Grimms Rede gegen die Verfassungsänderung in der Sitzung vom 12. März 1825 ist wörtlich nachgedruckt bei Allgayer 1931, S. 79–84.

Sitzungssaal der II. Ständekammer

Innenansicht des Sitzungssaals der Zweiten Kammer des Badischen Ständehauses mit Thronsessel des Landesherrn und Zuschauertribünen

J. G. Duttlinger, Abgeordneter der II. Kammer

Verbesserung des Schulwesens und die Beseitigung der zunehmenden Verarmung der Landbevölkerung.[68]

Für die neue Wahlperiode wurde Grimm Anfang 1831 wiedergewählt. Ein Jahr zuvor hatte sich die politische Situation zugunsten der Liberalen verändert. Seit dem Frühjahr 1830 regierte nach dem Tod von Großherzog Ludwig ein neuer, dem Liberalismus gegenüber aufgeschlossener Regent das Großherzogtum, nämlich der populäre Großherzog Leopold. An die Stelle der antikonstitutionell gesinnten Regierung von Wilhelm Ludwig Freiherr von Berstett war die liberalere von Minister Ludwig Winter getreten. Die Pariser Julirevolution von 1830 hatte viele in Parlament und Regierung mehr aufgeweckt als aufgeschreckt.

Auf seinen Antrag hin und mit einstimmiger Unterstützung aller Abgeordneten wurde Grimm regierungsamtlich gestattet, mit gänzlicher Zensurfreiheit als Redakteur und Herausgeber die Kammerprotokolle in einem eigenen Periodikum unter dem Titel *Landtagsblatt – Mittheilungen aus den Verhandlungen der Stände des Großherzogthums Baden* zu publizieren, um eine möglichst zeitnahe und weitgehende Öffentlichkeit der Parlamentsarbeit zu erreichen, statt der vollständigen Protokolle in den offiziellen *Verhandlungen*, welche mit erheblicher zeitlicher Verzögerung erschienen. Außerdem wurde Grimm nun zum ersten von drei Sekretären der Kammer

---

68 Grimm logierte während der (unregelmäßigen) Sitzungsperioden in Karlsruhe in der Zähringer Straße 41 – vgl.: Tabellarische Zusammenstellung der Namen, Caracter [Berufe], Wohnorte und Wahlbezirke der Herren Mitglieder der I. und II. Kammer des Badischen Landtags 1833, nebst Angabe ihrer früher beigewohnten Landtäge, Wohnungen in Carlsruhe, sowie der Plätze, welche sie in den Sitzungssälen einnehmen, Carlsruhe [ca. 1835, 1 Bl.].

gewählt, welche, gegenüber allen übrigen Deputierten sitzend, den Kammerpräsidenten unterstützten und rechts und links an Tischen ihren Platz fanden.[69] Ein Fürstenthron hinter dem Kammerpräsidenten und zwei Tische für Regierungskommissare sowie Tribünen für den Hof und das Diplomatische Corps, für die Mitglieder der Ersten Kammer und für das zugelassene allgemeine Publikum umgaben im Ständehaus das eigentliche Deputierten-Halbrund. Damit war eine große Öffentlichkeit auch schon der Sitzungen hergestellt worden. Die bisweilen heftig geführten Debatten wurden von zwischen dem Rednerpult und den Abgeordnetenreihen platzierten, angestellten „Schnellschreibern" festgehalten.

Grimm (aufgeführt als „Oberbürgermeister und Professor von Weinheim") zählte in der 1831, 1833, 1835 und

M. Föhrenbach, 1831 Präsident der II. Kammer

1837 tagenden Kammer nunmehr zu den gemäßigten, das heißt zu den konstitutionell gesinnten Liberalen. Engere Verbindung hatte er dadurch in den 1830er Jahren zu anderen gemäßigt oppositionellen „Kammer-Liberalen": zu dem Juristen Kreisdirektor Friedrich Christian Rettig aus Konstanz, zu dem Professor für Geschichte und Staatswissenschaft Hofrat Karl von Rotteck aus Freiburg, zu dem katholischen Juristen und Wortführer der Kammerliberalen Hofgerichtsrat Johann Adam von Itzstein aus Mannheim und zu dem Professor für Rechtswissenschaft Hofrat Karl Theodor Welcker aus Freiburg; außerdem aus der Ersten Kammer zu dem Katholiken und ehemaligen Bistumsverweser Ignaz Heinrich Freiherr von Wessenberg aus Konstanz (seit 1827 und bis 1833 nur noch als Vertreter des grundherrlichen Adels in der

---

69 Einzelheiten nach der Abbildung S. 42: *Plan des Sitzungs-Saales und Namens Verzeichniss der am V<u>ten</u> Landtag (1831) gegenwärtigen Herrn Deputirten der II<u>ten</u> Kammer des Grosherzogthums Baden.*

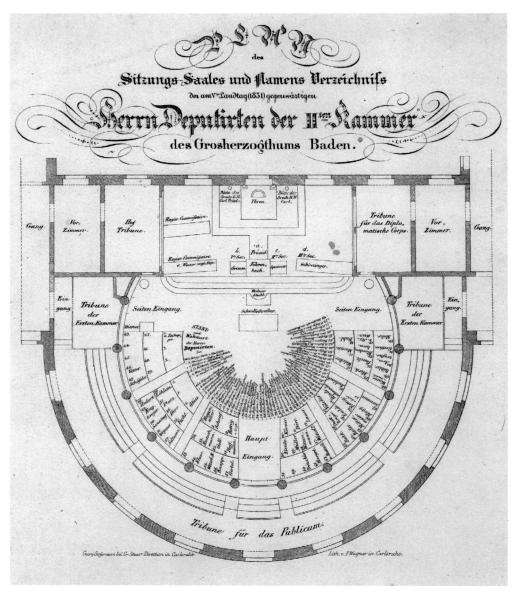

Plan des Sitzungssaals der II. Kammer, 1831, mit Grimm als 1. Sekretär neben dem Präsidenten

Innenansicht des Sitzungssaals der Zweiten Kammer des Badischen Ständehauses, veröffentlicht im Lahrer Hinkenden Boten 1845. (Stadtarchiv Karlsruhe 8/PBS oXIVa 485)
1. Präsident • 2–4. Sekretäre • 5. Rednerbühne • 6. Platz der Minister und Regierungskommissäre • 7. Platz der „Geschwindschreiber" • 8. Abgeordnetenplätze • 9. Zuhörertribünen

Kammer) und vor allem zu dem neuen Repräsentanten der großherzoglichen Regierung in Karlsruhe, zu Innenminister Staatsrat Ludwig Winter († 1839), der erstaunlicherweise zugleich zu einem der Deputierten gewählt wurde. Grimm wurde in der Folge sogar von seinen Kollegen als zu regierungsfreundlich angesehen, weil er die innerhalb des Deutschen Bundes restriktive Außenpolitik der Regierung Winter unterstützte. In diesem Zusammenhang bildeten sich in der Zweiten Kammer mehr und mehr zwei Parteien, eine gemäßigte, regierungsfreundliche und eine regierungskritische, radikalere Richtung.

Gleich im Frühjahr 1831 wurde die 1825 abgeänderte Verfassung nach einer Motion des Abgeordneten von Itzstein, von Grimm und anderen unterstützt, in ihrem ursprünglichen Umfang von Parlament und Regierung wieder in Kraft gesetzt. Dabei wurde den drei standhaften „freisinnigen Oppositionellen" von 1825, Duttlinger, Föhrenbach und Grimm, auf Antrag des Abgeordneten Gottlieb Bernhard Fecht, Pfarrer und Dekan in Kork, besonders gedankt. Ein anderer Verhandlungsgegenstand, ausgelöst durch die Petitionen zahlreicher Betroffener, war die Frage der politischen Emanzipation der Juden, für die sich Grimm mit einer großen, eindrucksvollen Rede[70] besonders einsetzte. Die Kammermehrheit und die Regierung waren jedoch der Meinung, dass die Juden selbst erst noch gewisse Vorurteile und ihre Absonderung ablegen müssten; erst 1862, in der liberalen Neuen Ära, konnte im Landtag ein entsprechendes Gesetz beschlossen werden.

Im Juli 1832 musste sich Grimm wegen der ernsthaften Erkrankung seiner Frau – wovon später zu berichten ist – vorübergehend ganz aus der Kammerarbeit zurückziehen. Und auch nach dem Tod dieser seiner ersten Frau war Grimms parlamentarische Aktivität deutlich reduziert. Das hatte allerdings noch andere Gründe.

Vorausgegangen war nämlich ein Streit um sein Landtagsblatt, der Anfang 1832 zu dessen Aufgabe führte. Ursprünglich nur für Auszüge aus den Motionen, Reden und Diskussionen vorgesehen, wurde die Berichterstattung mit der Zeit umfangreicher und vollständiger und dadurch zum Konkurrenzunternehmen zu den offiziellen Parlamentsprotokollen der *Verhandlungen*. Der Verleger Gottlieb Braun, in dessen Verlag beide Drucksachen herauskamen, beklagte den schwindenden Absatz der *Verhandlungen* angesichts der weiten Beliebtheit des übersichtlicheren *Landtagsblatts*. Die Mehrheit stellte sich hinter Braun und monierte zudem die zu große Regierungsfreundlichkeit von Grimms Redaktionsarbeit, wodurch die Tendenz der Kammerarbeit verfälscht werde. Obwohl Staatsrat Karl Friedrich Nebenius und die Abgeordnetenkollegen von Rotteck und Duttlinger Partei für Grimm ergriffen, gab dieser auf und beendete seine Redaktions- und Herausgebertätigkeit resignierend. – Ab 1833 setzte Duttlinger das Blatt unter dem Titel: *Landtags-Zeitung* eine Zeit lang fort.

1833 stand, nach der 1831 eingeführten neuen Gemeindeordnung, das Schulwesen im Mittelpunkt der Kammerberatungen, woran Grimm als Schulmann und Mitglied der Schulkommission lebhaften Anteil nahm. In einer von drei Sektionen der Kommission ging es um die Entkonfessionalisierung und Vereinheitlichung der „gelehrten Mittelschulen", welche nach den Elementarschulen die Schüler auf das Studium an den Hochschulen vorzubereiten hatten. In einem 40 Seiten umfassenden Kommissionsbericht setzte sich Grimm kritisch mit einem Schulplan der Regierung auseinander. Weitere Ziele der Anträge waren die Schaffung einer leitenden Schul- und Studienbehörde, die Normierung der Staatsprüfungen für die Lehramtskandidaten und die Festsetzung eines Minimums der Besoldung der Lehrer. Nach und nach kam die Regierung diesen Forderungen nach.

1835 erregte die Frage, ob Baden dem ein Jahr zuvor unter Preußens Führung gegründeten Deutschen Zollverein beitreten sollte, hitzige Auseinandersetzungen. Am zweiten Verhandlungstag votierte auch Grimm in einer Rede für den Beitritt[71] und begründete dies – als Weinheimer Oberbürgermeister – am Ende auch anschaulich mit der Verbesserung des Absatzes der wichtigsten heimatlichen Handelspflanze, des Tabaks, und mit der gesteigerten Flexibilisierung des rheinhessischen, badischen und württembergischen Weinhandels. Die Gegner des Anschlusses, unter ihnen von Rotteck, Welcker und von Itzstein, führten weniger wirtschaftliche als politische Gründe ins Feld, weil sie die Folgen einer zu engen Verbindung des konstitutionellen Baden mit

---

70 Wörtlich nachgedruckt bei Allgayer 1931, S. 84–89.
71 Wörtlich nachgedruckt bei Allgayer 1931, S. 56–58 – Viele Weinheimer Bürger waren dagegen.

dem absolutistisch regierten Preußen fürchteten. Dennoch stimmten am 2. Juli dann 40 Abgeordnete für und nur 22 gegen den Beitritt Badens zum Deutschen Zollverein.

1837 beschränkte sich die Tätigkeit Grimms auf die Mitarbeit in einigen Kommissionen, unter anderen in der Budgetkommission.

Seinen Schuldienst als Rektor in Weinheim hatte Grimm in den ersten Jahren neben seinem Abgeordnetenmandat fortsetzen können. Er ließ ihn jedoch ruhen, solange er von 1829 an als Bürgermeister und von 1831 bis 1838 dann als Oberbürgermeister seiner Heimatstadt amtierte. Auch auf eine dritte Wahl in die Ständeversammlung verzichtete er 1838. Als Wahlkreisabgeordneter folgte ihm 1838 zunächst der Kammer-Liberale Welcker aus Freiburg, und zwar sich gegen den im Wahlkreis wohnenden Freiherr Lambert von Babo[72] durchsetzend, einen Freund Grimms; auf Welcker folgte 1843 dann der Oberhofgerichtsadvokat und spätere Revolutionär von 1848/49 Friedrich Hecker aus Mannheim.

1829 war Grimm in Weinheim durch einen Bürgerausschuss zum Bürgermeister gewählt worden, wobei ihm als nicht Eingeborener, sondern Zugezogener das Bürgerrecht als „Ehrengeschenk" verliehen wurde[73]. Auch in einer zweiten Beziehung war seine Wahl außergewöhnlich: Vor ihm und nach ihm wurden zu Gemeindeoberhäuptern stets Handwerker oder Kaufleute oder Landwirte gewählt[74]; Grimm als studierter Schulrektor und Professor bildete also eine Ausnahme, die nur denkbar ist, weil ihm viel Vertrauen entgegengebracht wurde. 1831 wurde er durch einen erneuten Vertrauensbeweis wiedergewählt, nun nach der neuen badischen Gemeindeordnung durch die Gesamtheit der wahlberechtigten Bürger und als Oberbürgermeister und für sechs Jahre.[75] Die Gemeindeordnung brachte den Gemeinden überdies eine größere Selbstständigkeit gegenüber dem Staat, der im Blick auf die innere Verwaltung der Gemeinden ab einer Größe von 3000 Bürgern – Weinheim hatte etwa 5000 Einwohner – von einer bevormundenden Instanz zu einer aufsichtführenden Behörde mutierte.

Dass Grimm sein überörtliches politisches Engagement als Kammerangeordneter mit seiner Tätigkeit als Bürgermeister zu verbinden suchte, zeigt das große überregionale „Fest der Pressefreiheit", welches er am 1. April 1832 in Weinheim im ehemaligen Karmeliterkloster in der Roten Turmstraße wegen der Einführung der Pressefreiheit mit mehr als 200 Teilnehmern aus Baden und dem „Ausland" veranstaltete. Auch drei prominente Kammerkollegen nahmen teil, nämlich aus Mannheim Hofgerichtsrat Adam von Itzstein und aus Heidelberg der Rechtsprofessor Karl Mittermaier und der Buchhändler Christian Friedrich Winter. Zwei Monate später fand vom 27. bis 30. Mai in der Pfalz das Hambacher Fest statt, bei dem sich verschiedene liberale Kräfte Deutschlands mit 30.000, vor allem studentischen Teilnehmern vereinten. Als Reaktion auf die Forderungen auf dem Hambacher Schloss hob der Deutsche Bund jedoch noch im Juni die Pressefreiheit auf und schränkte die Versammlungsfreiheit ein.

72　Grau / Guttmann, *Weinheim*, 2008, S. 235. – Von Lambert von Babo ist weiter unten zu reden.
73　Allgayer 1931, S. 67.
74　Vgl. Grau / Guttmann, *Weinheim*, 2008, S. 236.
75　Weiß, *Geschichte*, 1911, S. 267.

Bald darauf, Anfang Juli wurde Grimm jäh aus seiner parlamentarischen Arbeit herausgerissen, weil seine schon länger kränkelnde Frau ernsthaft erkrankte. Sie starb, nach fast 14-jähriger glücklicher Ehe, am 28. Juli 1832. Das nicht unbeträchtliche Erbe aus dem Besitz der Familie von Wallbrunn fiel außer an den Witwer an das einzige lebende gemeinsame Kind, den zehnjährigen Sohn, welcher jedoch sechs Jahre später auch verstarb. 1833 konnte Grimm die alte Amtskellerei in Weinheim, die ein Teil des ehemaligen kurfürstlichen Schlosskomplexes war, ersteigern, weil der Großherzog das Schloss nicht länger halten wollte.[76] Diesen Anbau des so genannten Schlösschens, der 1866 abgerissen wurde, bewohnte Grimm bis ans Ende seiner Weinheimer Zeit.[77]

Am 8. Dezember 1833 heiratete Grimm, nach der ergangenen Heiratserlaubnis und dem entsprechenden amtlichen Trauschein vom 23. November, in zweiter Ehe eine 15 Jahre jüngere Frau, welche seiner ersten Frau als Gesellschafterin und Pflegerin nahe gestanden hatte: die Halbwaise *Friederike* Philippine Schneider (1801–1854), Tochter des verstorbenen Jakob Schneider in Fürfeld bei Bad Rappenau. Die Trauung vollzog der langjährige Weinheimer Stadtpfarrer Johann Ludwig Külp; Trauzeugen waren der Weinheimer Großherzogliche Amtmann Karl Beck und der ebenfalls in Weinheim lebende Major à la Suite Maximilian von Wallbrunn, ein Verwandter der verstorbenen ersten Frau, beide etwa im Alter des Getrauten.[78] – 1835, 1837 und 1840 wurden den Eheleuten die Töchter Auguste, Charlotte und Louise geboren, bei deren Geburt Grimm schon 49 beziehungsweise 51 und 54 Jahre alt war. Die Töchter begleiteten später ihren Witwer gewordenen Vater ab 1854 in den Ruhestand, so dass von ihnen und ihren Ehemännern noch zu berichten bleibt.

In den Jahren 1833 bis 1838 belastete ein lokaler Streit Grimm als Bürgermeister so sehr, dass er sich danach nicht wieder zur Wahl für das Amt des Stadtoberhaupts stellte, zumal eine Wiederwahl unsicher war. Es handelte sich um den so genannten Bergstraßen-Streit.[79] Ursprünglich führte die Bergstraße, jene Hauptverkehrsader in nord-südlicher Richtung parallel am Fuß des Odenwalds entlang, an Weinheim vorbei. Zu Beginn des 19. Jahrhunderts verlegte man sie nach hartnäckigen Kämpfen der Einwohnerschaft über den Marktplatz und durch die Mitte der Altstadt hindurch. Um 1833 wünschte nun die großherzogliche Administration, die Bergstraße als Fernstraße wieder aus der Stadtmitte heraus auf den alten Postweg zu verlegen, weil der sehr gewachsene Fuhrwerk- und Kutschenverkehr sich durch enge, winklige, sogar teils aufsteigende und teils abschüssige, gepflasterte Gassen quälen musste. Grimm befürwortete diese Verlegung. Die in der Stadt lebenden handel- und gewerbetreibenden Bürger erhoben jedoch vehementen Protest da-

---

76 Vgl. Grau / Guttmann, *Weinheim*, 2008, S. 349.
77 In derselben Obertorstraße im Haus Nr. 1 hatte Grimm vor seiner ersten Heirat als Junggeselle 1806–1818 zur Miete gewohnt.
78 Nach dem Eintrag im Weinheimer Trauregister im Landeskirchlichen Archiv Karlsruhe. Vgl. Allgayer 1931, S. 26. – Johann Ludwig Külp (1764–1849), 1794 bis 1837 oder 1839 i. R. (zunächst reformierter) Stadtpfarrer in Weinheim, 1810–1823 zugleich Dekan der Diözese Ladenburg-Weinheim. Zu Külp vgl. *250 Jahre Stadtkirche Weinheim*, 1986, S. 48. 147. 168.
79 Vgl. Allgayer 1931, S. 69 f., der auf ältere Literatur verweist. – Die Darstellung bei Grau/Guttmann, *Weinheim*, 2008, S. 224 scheint aufgrund erneuter Quellenauswertung richtiger zu sein.

1868 ließ Freiherr Christian von Berckheim den Schlossturm und einen Zwischenbau als Verlängerung des kurpfälzischen Schlossbaus errichten. Zuvor hatten 1866 die alten kurfürstlichen Kellereigebäude, die Wohneigentum Grimms seit 1833 waren, weichen müssen.

gegen, weil sie durch die Verlegung des Durchgangsverkehrs Umsatzeinbußen befürchteten. Grimm warfen sie zudem vor, nicht die örtlichen Interessen zu vertreten, sondern regierungshörig zu sein. Sie forderten sogar den Rücktritt Grimms. Der Streit zog sich fast fünf Jahre hin.

Marktplatz in Weinheim, Lithographie

In Weinheim:

Erneuter Schuldienst und Schulstreit, neue Schriftstellerei und
die Jahre der Revolution 1848/49,
Engagement in der evangelischen Stadtgemeinde und
Abschied von Weinheim

1839–1853

Nachdem Grimm mit dem Jahr 1838 sowohl sein Abgeordnetenmandat in der Zweiten Ständekammer als auch sein Weinheimer Bürgermeisteramt aufgegeben hatte, wollte er als Rektor der Lateinschule in den Schuldienst zurückkehren, was er sich bei seinem freiwilligen Ausscheiden 1829 vorbehalten hatte, weil er seine kommunale Tätigkeit nur als eine vorübergehende ansah. Dies gestaltete sich jedoch schwieriger als erwartet, weil sich sowohl die Schulorganisation in Weinheim inzwischen verändert hatte als auch andere, inzwischen in der Stadt renommierte Pädagogen ihm die Schulleiterstelle streitig machten.[80]

1823 war dem Theologen Heinrich Bender (1801–1870) am Weinheimer Pädagogium die zweite Lehrerstelle übertragen worden. 1829, im Jahr als Grimm sein Bürgermeisteramt antrat, hatte *Karl* Friedrich Bender (1806– 1869), ebenfalls Theologe, zusammen mit seinem Bruder offiziell ein privates Erziehungsinstitut in Weinheim gegründet, das sich wachsender Beliebtheit bei Eltern und Schülern erfreute und 1834, als in der Stadt das Pädagogium provisorisch in eine städtische höhere Bürgerschule

Karl Bender

---

80 Zur Schulsituation der Jahre 1829–1839 bzw. 1841 und zum sog. Schulstreit vgl. Allgayer 1931, S. 70–72 und jetzt besonders Grau / Guttmann, *Weinheim*, 2008, S. 283–286, wo neben Jahresberichten der höheren Bürgerschule vor allem die Sachakten im Karlsruher Generallandesarchiv 233/19086, 233/33280 und 233/33289 ausgewertet sind, nicht jedoch die „Dienerakte" (Personalakte) Grimm: GLA 76/2977, die den Titel trägt: Die höhere Bürgerschule in Weinheim, insbesondere den Vorstand derselben, Prof. Albert Ludwig Grimm betr., 1839–1855/1873 (Bl. 1–38). – Die Sachlage ist relativ kompliziert, die Angaben in Quellen und Literatur sind teilweise durchaus widersprüchlich.

umgewandelt wurde, personell und organisatorisch eine Verbindung mit diesem einging.[81] Als dann im März 1839 die nun endgültige Bestätigung dieser höheren Bürgerschule als offizielle staatliche Errichtung – den sonst üblichen, auf das Universitätsstudium vorbereitenden Lyzeen entsprechend – folgte und Grimm deren Leitung nicht nur selbstverständlich beanspruchte, sondern auch übertragen erhielt[82], fühlten sich die Brüder Bender, insbesondere Karl, zurückgesetzt. Karl Bender beendete den Konflikt[83] schließlich im Juli 1841 dadurch, dass er von sich aus den Anspruch auf die Rektoratsstelle aufgab und um Entlassung aus dem Staatsdienst nachsuchte[84], zumal sich wesentlich mehr Eltern für die Bendersche Erziehungsanstalt als Schule für ihre Kinder entschieden als für die staatliche Höhere Bürgerschule, die anfangs sage und schreibe nur 4 Schüler gehabt haben soll. Dass dennoch die Auseinandersetzungen und die Unsicherheit für Grimm sich noch zwei Jahre bis 1841 hingezogen hatten, geht aus zwei Quellen hervor: zum einen aus der Personalakte Grimm mit dessen Eingaben sowie behördlichen Verfügungen, seine Anstellungsverhältnisse und Besoldungsberechnungen betreffend[85]; zum anderen aus einer sogar im Druck veröffentlichten offenen und den Brüdern Bender gegenüber fairen Bemerkung Grimms: In seinem repräsentativen Werk *Die malerischen und romantischen Stellen der Bergstraße, des Odenwaldes und der Neckar-Gegenden in ihrer Vorzeit und Gegenwart*, das 1840–1842 entstand und dann ohne Jahresangabe im Darmstädter Verlag Leske erschien[86], heißt es im Kapitel über Weinheim: „Ausser wohleingerichteten Volksschulen, die mit acht Lehrern besetzt sind, besteht hier auch eine höhere Lehranstalt […] Der Versuch, diese Anstalt in eine höhere Bürgerschule umzuwandeln, hat Widerspruch gefunden, und ihre zeitgemässe Organisation wird erst noch erwartet. – Das von den beiden Lehrern Bender gegründete Institut für Knaben hat durch zahlreichen

---

81 Die Brüder Bender waren vermutlich entfernte Verwandte von Grimms verstorbener „Pflegemutter" Hanna Schwarz (1773–1826) in Heidelberg: Ihre Mutter Christine geb. Heddaeus (Geburts- und Sterbejahr nicht ermittelt) aus Heidelberg war eine Tante von Hanna Schwarz' Schwager Kanzleirat Eberhard Friedrich Heddaeus (1786–1858) in Mannheim (NDB s. v. Bender, Friedrich August, 1847–1926, Sohn von Karl Bender, zu diesem: s. den ADB-Artikel; danach hatte Karl Bender in den 1820er Jahren auch bei Prof. F. H. C. Schwarz Theologie studiert).

82 Laut GLA 76/2977, Bl. 3 erhielt die Weinheimer höhere Bürgerschule am 14.03.1839 durch die vorgesetzte Behörde, den „Oberstudienrat" im Großherzoglich Badischen Ministerium des Innern (Bl. 4), einen jährlichen Staatszuschuss von 800 Gulden und Prof. Grimm als deren Direktor eine Besoldung von ebenfalls 800 Gulden.

83 Die Brüder Bender besaßen durchaus das Vertrauen der Stadt und der Regierung und nach GLA 233/33280 (Grau / Guttmann, *Weinheim*, 2008, S. 286) soll das Innenministerium zeitweilig sogar erwogen haben, als Ausweg Grimm an das Gymnasium in Wertheim oder das in Heidelberg zu versetzen.

84 LKA SpA 12965.

85 GLA 76/2977, Bl. 5–15.

86 „… geschildert von A. L. Grimm. Mit 40 Ansichten, einem Panorama und einer Karte oben genannter Gegenden", (341 S. zuzügl. 40 ganzseitige Lithographien, Panorama in Form von vier ausklappbaren Faltlithographien der Bergstraßenansicht von Darmstadt bis Heidelberg, Karte als Faltkarten-Lithographie im Maßstab 1 : 200.000 (schon mit eingezeichneten Eisenbahnlinien!). – Eine zweite Ausgabe erschien um 1850 in Frankfurt am Main.

Geschichtliche und zeitnahe Beschreibung der Region 51

Besuch guten Fortgang gewonnen."[87] Gleichwohl wurde Grimm 1841 endgültig in seinem Amt bestätigt.

Das soeben genannte historisch-topographische Werk über die Geschichte und die Schönheiten der Bergstraße, des Odenwaldes und der Neckar-Gegenden, das im südlichen Hessen-Darmstadt mit der dortigen Residenzstadt beginnt und in den ehemals kurpfälzischen Residenzen Mannheim und Heidelberg endet, hatte Grimm seinem Landesherrn Großherzog Leopold gewidmet. Dieses Werk und seine Widmung dürfte den Großherzog bewogen haben, durch eine Kabinettsorder vom 22. Juni 1843 Grimm „in Anerkennung seiner Verdienste als Schriftsteller den Charakter als Hofrath zu ertheilen"[88] – ein Titel, welchen Grimm fortan stolz führte.

Während der Jahre der Badischen Revolution 1848/49 scheint Grimm sich ganz passiv verhalten zu haben, verlässt man sich auf die Informationen in allen einschlägigen Quellen und in der Literatur[89], und dies, obwohl die Revolution sich gerade auch in Weinheim abspielte: Seit 1843 vertrat der spätere Revolutionär Friedrich Hecker als Nachnachfolger von Grimm den Wahlkreis Ladenburg-Weinheim in der Zweiten Ständekammer in Karlsruhe; im Mai 1848 wurde der in Weinheim geborene, vier Jahre vorher nach Mühlbach bei Eppingen strafversetzte Pfarrer Georg Friedrich

---

87 S. 123. An dieser Stelle heißt es ferner: „In letzter Zeit hat sich auch ein weibliches Lehr- und Erziehungsinstitut hier aufgethan." (Insofern ist die Feststellung von Grau / Guttmann, *Weinheim*, 2008, S. 283 zur Mädchenbildung zu ergänzen.)
88 GLA 76/2977, Bl. 17. – Die erste Gemahlin Karl Friedrichs von Baden, Markgräfin Karoline Luise (†1783), und die Schwiegertochter Karl Friedrichs, Markgräfin Amalie (†1832), waren Prinzessinnen von Hessen-Darmstadt.
89 Vgl. Rainer Gutjahr, *Republik*, 1987; ders., Weinheim/Bergstraße, in: *Revolution im Südwesten. Stätten der Demokratiebewegung 1848/49 in Baden-Württemberg*, hrsg. von der Arbeitsgemeinschaft hauptamtl. Archivare im Städtetag Baden-Württemberg, Karlsruhe 1997, S. 711–719.

Schlatter[90], ein ehemaliger Schüler Grimms, gewählt; seine Wahl wurde jedoch nicht anerkannt. Am 23. September 1848 fand in Weinheim ein zerstörerisches Attentat auf die Eisenbahnlinie statt; zu den anschließend am härtesten Strafverfolgten gehörte der Weinheimer Müller Jakob Weisbrod (1802–1859)[91]. Im Frühjahr 1849 wurde wie an vielen Orten so auch in Weinheim ein Volksverein gegründet. Der bekannteste Weinheimer Revolutionär war der Gastwirt der Gaststätte „Zur Burg Windeck", Holzhändler und Landwirt Friedrich Härter (1802–1867), der bereits seit 1835 und 1840 als „Anhänger der politischen Propaganda" und der „Umsturzparthei" galt.[92] – Noch im Juni 1849, als die preußischen Truppen bereits näher rückten, kursierten in Weinheim Flugblätter, in denen zur Unterstützung des revolutionären Kampfs aufgerufen wurde.[93]

Erst 1853, in seinem Gesuch um Zurruhesetzung, gerichtet an den Prinzregenten und späteren Großherzog Friedrich I., wies Grimm daraufhin, dass er sich gegen die revolutionäre Bewegung gestemmt habe: *Voraussehend nähmlich [sic], wohin die Aufgeregtheit jener Zeit führen müsse, ließ ich mich [als Bürgermeister] durch das in mich gesetzte Vertrauen der hiesigen Bürgerschaft zu der Hoffnung verleiten, daß es mir an dieser Stelle gelingen könne, hier dem einreißenden Strome politischen und moralischen Verderbens einen schützenden Damm entgegen zu stellen. Es ist mir dieses zwar nur in so weit gelungen, daß ich während meiner Dienstführung die von der Umsturzparthei Geworbenen und Mißleiteten in gewissen Schranken erhielt, die indessen gleich unter meinem Dienstnachfolger zusammen stürzten, so daß das Übel sich ungehindert, wie ein fressender Krebsschaden, weiter unter der Bürgerschaft verbreiten konnte.*[94]

Unbestreitbar gehörte Grimm zur bürgerlichen Honoratioren-Oberschicht Weinheims – als Professor und ehemaliger Oberbürgermeister, als durch das Erbe von seiner ersten Frau vermögender Immobilienbesitzer und nun auch noch als Hofrat. Das alles prägte natürlich seinen gesellschaftlichen Umgang. Zu seinen Freunden zählten Christian Friedrich Gustav Freiherr von Berckheim (1817–1889) und vor allen anderen seit Jahrzehnten Lambert Freiherr von Babo

---

90 Vgl. Alexander Mohr, Georg Friedrich Schlatter (1799–1875), Pfarrer und Radikalliberaler der Revolution 1848/49, in: *Protestantismus und Politik. Zum polit. Handeln evang. Männer und Frauen für Baden zwischen 1819 und 1933*. Eine Ausstellung der Bad. Landesbibliothek in Zus.arb. mit der Evang. Landeskirche in Baden/Landeskirchliche Bibliothek, dem Generallandesarchiv Karlsruhe u. dem Stadtarchiv Karlsruhe, aus Anlaß des Kirchenjubiläums 1996: 175 Jahre Evang. Landeskirche in Baden. Aufsatz- und Katalogband, Karlsruhe 1996, S. 141–150; Konrad Fischer, Georg Friedrich Schlatter (1799–1875), Prophet und Märtyrer des aufrechten Gangs, in: *Lebensbilder aus der evangelischen Kirche in Baden im 19. und 20. Jahrhundert*, im Auftr. des Evang. Oberkirchenrats Karlsruhe hrsg. durch den Verein für Kirchengeschichte in der Evang. Landeskirche in Baden, Band II: Kirchenpolitische Richtungen, hrsg. von Johannes Ehmann, Heidelberg – Ubstadt-Weiher – Weil am Rhein – Basel 2010, (Sonderveröffentlichungen des Vereins für Kirchengeschichte in der Evang. Landeskirche in Baden, Bd. 6), S. 34–55.
91 Vgl. Rainer Gutjahr, An Geist und Körper gebrochen, Vermögen und Gesundheit ruiniert. Der Fall des Jakob Weisbrod aus Weinheim, in: *1848/49, Revolution der deutschen Demokraten in Baden*, hrsg. vom Bad. Landesmuseum Karlsruhe, Baden-Baden 1998, S. 426 f.
92 Vgl. Gutjahr, *Weinheim/Bergstraße*, 1997, S. 717–719.
93 Vgl. *1848/49, Revolution der deutschen Demokraten in Baden*, 1998, S. 366 und 367.
94 GLA 76/2977, Bl. 21.

A. L. Grimm als Professor um 1850

Lambert Frhr. von Babo, Kauffmann hl. [?], Lith. von Wagner

(1790–1862). Babo, katholisch und ursprünglich Jurist, war nicht nur vermögender Gutsbesitzer und betrieb als Praktiker Landwirtschaft und Weinbau, sondern förderte beides durch viele wissenschaftliche und volkstümliche Veröffentlichungen und setzte sich für das ländliche Vereins-, Versicherungs- und Sparkassenwesen ein[95]; zudem war er auf verschiedene Weise künstlerisch tätig und schuf sehr schöne Landschaftsradierungen. Mit Babo und dem reformierten Stadtpfarrer Külp hatte Grimm bereits 1812 eine Weinheimer Lesegesellschaft mit 26 Mitgliedern aus dem gehobenen Bürgertum gegründet.[96] Später verkehrte er in dem schön gelegenen, herrschaftlichen Gutshaus von Babo, welcher 1833/34 während Grimms Bürgermeisteramt vorübergehend Gemeinderat gewesen war[97], vielleicht Grimm zuliebe. Vermutlich ist Grimm auch Mitglied der Weinheimer Casinogesellschaft und Ende der 1840er Jahre des Vaterländischen Vereins gewesen, wie Babo, die Brüder Bender, der Posthalter Karl Hübsch und wenige andere. Ferner ist für die 1830er Jahre Dr. Anton Batt (1775–1839) zu nennen, Erzieher im Haus von Babo, Heimatforscher und Privatgelehrter (Mineraloge und Pomologe). – Politisch scheint Grimm sich nach 1838 jedoch nicht mehr betätigt zu haben.

---

95   Vgl. ADB (dort fälschlich mit dem Vornamen Lamprecht) und NDB.
96   Grau / Guttmann, *Weinheim*, 2008, S. 238. – Die Stadt Weinheim benannte eine Innenstadtstraße nach Babo, welche rechtwinklig von der Albert-Ludwig-Grimm-Straße abzweigt.
97   Zinkgräf, *Babo*, 1912, S. 5.

Doch wie sich in der Bürgergemeinde Weinheim durch den Bergstraßenstreit, den Schulstreit und in den Revolutionsjahren gegensätzliche Fronten mit erheblichen persönlichen Auseinandersetzungen gebildet hatten, so gab es auch in den und zwischen den beiden evangelischen Kirchengemeinden Weinheims, der Altstadtgemeinde mit ihrem reformierten geschichtlichen Hintergrund und der Stadtgemeinde mit einer ehemals lutherischen Prägung, immer wieder heftige Querelen, besonders seit 1839.

Wie eine sehr umfangreiche Akte im Landeskirchlichen Archiv Karlsruhe bezeugt[98], zog sich in den 1820er Jahren die gemeindliche Neuordnung nach der Kirchenvereinigung von Reformierten und Lutheranern in der badischen Union in Weinheim langwierig, strittig und kompliziert dreieinhalb Jahre lang, vom Oktober 1821 bis zum März 1824 hin, weil die Lutheraner immer wieder auf die Aufrechterhaltung traditioneller Rechte pochten, während die zwei ehemaligen reformierten Gemeinden für eine echte Vereinigung und Vereinfachung der örtlichen kirchlichen Verhältnisse, das heißt für *eine* Gemeinde und *ein* Gotteshaus bei zwei Pfarrsprengeln eintraten. Außerdem spielten dabei finanzielle Ansprüche eine Rolle.[99]

Mit dem Pfarrer der Stadtgemeinde Johann Ludwig Külp, der dadurch eine große Kontinuität in das Gemeindeleben brachte, dass er 45 Jahre lang, nämlich von 1794 bis 1839 in diesem Amt blieb, war Grimm persönlich und als Mitglied des Kirchengemeinderats verbunden[100]; Külp vollzog 1833 auch die kirchliche Trauung Grimms und dessen zweiter Ehefrau.[101] Als Külp jedoch aus Krankheitsgründen ab 1838 immer weniger seinen Amtspflichten nachkommen konnte – zumal er lange Zeit zugleich Dekan der Diözese Ladenburg-Weinheim gewesen war –, setzten die Ungewissheiten ein, gleichzeitig mit dem oben beschriebenen Schulstreit. Zunächst hatte man sich mit der Vertretung durch Vikare geholfen.[102] Doch am 31. Dezember 1838 bat der Kirchengemeinderat in einer Eingabe mit sieben Unterschriften, an erster Stelle Grimm, die Kirchenbehörde um die Anstellung eines Pfarrverwesers, da Külp „an der Versehung seiner Dienstgeschäfte verhindert" sei und dennoch nicht pensioniert werden könne. Diesem Gesuch schlossen sich am

---

98 SpA 12937; vgl. Zinkgräf, *Weinheimer Kirchengeschichte*, 1932, S. 81.
99 Sogar bis 1930 gab es, ein Unikum, in Weinheim zwei evangelische Kirchengemeinden: die Altstadtgemeinde (seit 1932 mit der Bezeichnung Petruspfarrei) und die Stadtgemeinde (seit 1932 mit der Bezeichnung Johannispfarrei). Inzwischen gibt es in Weinheim auch noch zwei weitere evangelische Pfarreien, die Lukaspfarrei und die Markuspfarrei; das Kirchenbüro der Gesamtgemeinde befindet sich in der Albert-Ludwig-Grimm-Straße.
100 Nach verschiedenen Akten im LKA waren die Weinheimer Rektoren und Lehrer der Latein- und höheren Schulen, sofern sie studierte Theologen waren – und dies war ja in dieser Zeit meist der Fall –, verpflichtet, in den Kirchengemeinden bei Krankheit und krankheitsbedingten Urlauben der Stadtpfarrer oder bei vorübergehenden Vakanzen in den Pfarrstellen auszuhelfen, v. a. bei der Austeilung des Abendmahls, aber auch bei Gottesdiensten und Predigten. Grimm scheint jedoch, abgesehen von den Jahren 1808–1812 als nebenamtlicher Diakonus, später nie zu solchen Aushilfsdiensten herangezogen worden zu sein, wohl weil er nicht als Pfarrkandidat rezipiert worden war. – Unter Külp war Grimm 1838/39 Kirchenältester (vgl. *250 Jahre Stadtkirche Weinheim*, 1986, S, 59).
101 Schon Külps Vater Philipp Heinrich Külp war zwanzig Jahre lang, von 1774 bis 1794 Stadtpfarrer in Weinheim gewesen.
102 Dies und das Folgende nach LKA SpA 12945.

9. Januar 1839 mit einer Eingabe 123 Gemeindeglieder mit ihren Unterschriften an, und am 27. Januar trat der Kirchengemeinderat in dieser Sache auf Initiative von Grimm erneut zusammen, wie ein Protokoll mit außer Grimms noch vier Unterschriften ausweist. Schließlich wurde der Pfarrverweser Gustav Rippmann eingesetzt, Külp im Oktober pensioniert und die Pfarrstelle zur Bewerbung ausgeschrieben. Daraufhin bewarben sich im November 1839 neun Pfarrer, unter ihnen Johann Ludwig Hörner, seit 1831 Pfarrer im benachbarten Hohensachsen. Hörner erhielt die Pfarrstelle, von 1841 an war er zugleich Dekan des Kirchenbezirks Ladenburg-Weinheim.[103]

Hörner gehörte dem weiteren Kreis um die badische Erweckungsbewegung an. Am 1. November 1839 hatte er in Neckargemünd an der Gründung eines ersten badischen Missionsvereins teilgenommen; weitere Teilnehmer waren neben anderen: aus Mannheim Pfarrer Karl Ludwig Winterwerber, Hofgerichtsrat Jakob Jung, ein Sohn, und Pfarrer Dr. Wilhelm Schwarz, ein Enkel des Erweckungsschriftstellers Johann Heinrich Jung-Stilling; aus Heidelberg der Buchhändler Christian Friedrich Winter.[104] – Durch Hörner gab es bald Spannungen unter den Evangelischen in Weinheim. Einerseits kritisierte er wiederholt seinen Kollegen Georg Friedrich Wolf, seit 1841 Stadtpfarrer der Altstadtgemeinde, dass er nicht ernsthaft genug sein Amt ausübe und nicht genügend für die Glaubenspflege seiner Gemeinde tue.[105] Der auswärtige Visitator im Jahr 1846, Dekan Winterwerber aus Mannheim, versuchte, zwischen Hörner und Wolf auszugleichen. Doch in seiner „Relation" auf den Bericht Winterwerbers über die Visitation vom 12. Juli 1846 wandte sich Hörner nun auch gegen „die Verbreitung der Lehren des falschen Liberalismus (im Religiösen wie im Politischen)".[106] Spätestens daraufhin verprellte Hörner nun andererseits viele Weinheimer Bürger, so dass im März 1848 sogar von Friedrich Härter und anderen seine Ablösung beziehungsweise Strafversetzung gefordert wurde, weil die Gemeinde seit zwei Jahren mit dessen „frömmeln-

Stadtkirche Weinheim, Hauptstraße 125, erbaut 1736

---

103 Zu Hörner vgl. *250 Jahre Stadtkirche Weinheim*, 1986, S. 48. 67. 148. 182.
104 Wilhelm Heinsius, *Aloys Henhöfer und seine Zeit*. (1925) Neu hrsg. von Gustav Adolf Benrath, Neuhausen-Stuttgart u. Karlsruhe 1987 (Veröffentlichungen des Vereins für Kirchengeschichte in der Evang. Landeskirche in Baden, Bd. 36), S. 192 f. – Winter war Hörners Schwiegervater.
105 LKA SpA 12939 (Vorwurf anlässlich der Visitation der Weinheimer Kirchengemeinden 1843/44); vgl. LKA 2.0.22.6971 (PA Wolf) und SpA 12938 (Regelung von Aushilfen zwischen den beiden Gemeinden). Georg Friedrich Wolf (1798–1866) versah 1848–1851 vertretungsweise auch den Gottesdienst in der Stadtkirche; vgl. *250 Jahre Stadtkirche Weinheim*, 1986, S. 48 f.
106 LKA SpA 12941.

Eduard von Bahder

dem und bekehrungssüchtigem Treiben" unzufrieden sei.[107] Der Tod Hörners am 18. September 1848 kam einer Ablösung oder Strafversetzung zuvor.

Seit 1848 hielt sich in Weinheim auch der kurländische lutherische „ConsistorialRath a. D." (so seine Selbstbezeichnung) Eduard von Bahder (1803–1882) auf. Er hatte in jungen Jahren mehrere Reisen durch verschiedene Länder Mitteleuropas unternommen, war dann in kirchenleitender Funktion in Mitau in Zentral-Lettland (südwestlich von Riga) tätig und schließlich als deutscher Auslandspfarrer in Mailand im März 1848 durch österreichische Aufständische vertrieben worden.[108] Zuerst als Vikar in Schönau bei Heidelberg beschäftigt, wurde er bald darauf in den badischen Kirchendienst aufgenommen und ab Dezember 1848 in Weinheim für Vertretungen eingesetzt[109], seit 1851 als provisorischer Pfarrverweser auf Hörners Stelle. Denn obwohl auf die Ausschreibung im Februar 1849 hin 13 Bewerbungen und auf die erneute Ausschreibung im Dezember elf Bewerbungen eingegangen waren – von Bahder war nicht darunter –, blieb die Pfarrstelle zunächst weiterhin unbesetzt. Wie nämlich die Person Hörners es getan hatte, so spaltete auch die Person von Bahders die Gemeinde. Am 13. September 1849 baten 80 Gemeindeglieder mit ihren Unterschriften vergeblich um die Berufung von Bahders. Umgekehrt sprachen sich am 26. November 1851 einige Kirchengemeinderäte und Gemeindeglieder mit ihren Unterschriften gegen von Bahder aus, weil er kein Landesangehöriger sei und nicht aus der Union, also aus einer unierten Kirche stamme.[110] Weil nichts geschah, ließ Grimm sich im Sommer 1852 wieder in den Kirchengemeinderat wählen. Und weil er meinte, als Hofrat an höchster Stelle Gehör zu finden, wandte er sich schließlich am 29. August 1853 zusammen mit drei weiteren Kirchenältesten mit einem Schreiben direkt an den Regenten Friedrich von Baden (ab 1856 Großherzog Friedrich I.). Das Briefautograph sei im Wortlaut zitiert:

---

107 Gutjahr 1987, S. 77; Gutjahr 1997, S. 718.
108 Zinkgräf, *Weinheimer Kirchengeschichte*, 1932, S. 102 f.; Neu, Pfarrerbuch II, 1939, S. 34.; vgl. *250 Jahre Stadtkirche Weinheim*, 1986, S. 48 f. 148–150.
109 Dies und das Folgende nach LKA SpA 12945.
110 Auch in LKA 2.0.22 (PA v. Bahder) ist von Beschwerden gegen von Bahder zu lesen: Er habe bei Katechisationen [sonntäglich nach dem Gottesdienst] und im Konfirmandenunterricht den lutherischen Katechismus benutzt statt des badischen Landeskatechismus von 1830 – mit anderen Worten: er sei ein verkappter Lutheraner. In diesem Punkt war man hellhörig; denn seit 1850 machte gleichzeitig die lutherische Separation in der badischen Landeskirche von sich reden.

Durchlauchtigster Regent! Gnädigster Fürst und Herr!

Der unterzeichnete Kirchengemeinderath der evangelisch protestantischen Stadtgemeinde zu Weinheim wagt es, an Eure Königliche Hoheit nachstehende Bitte zu richten.
Die Pfarrei an unserer Gemeinde ist nämlich nun schon seit dem Herbste 1848 durch den Tod des Pfarrers und Dekans Hörner in Erledigung gekommen und wird seit jener Zeit, also seit beinahe fünf Jahren provisorisch verwaltet. Wie aber eine provisorische Verwaltung in jedem Geschäftszweige ihre Nachtheile hat, so sind diese in kirchlichen Verhältnissen besonders groß. Die natürliche Folge davon ist bei uns der gänzliche Zerfall des kirchlichen Lebens in unserer Gemeinde.
Bereits im Sommer des vorigen Jahres haben die Wahlmänner zur Wahl der Kirchengemeinderäthe in gleichem Betreffe eine unterthänigste Bittschrift an HöchstIhr Staatsministerium gerichtet und in derselben gebeten:
„Es möge Eurer Königlichen Hoheit gefallen, HöchstIhren evangelischen Oberkirchenrath zum Vortrage über diese Angelegenheit zu veranlassen und die so lange erledigte Stelle endlich – statt der provisorischen Verwaltung durch einen Ausländer, der, der Union abgeneigt, für die Wiederherstellung des reinen Lutherthums geschäftig, sich nie das Vertrauen der Gemeinde erwerben wird und der durch sein Benehmen den Frieden mit unsern katholischen Mitbürgern stört – definitiv durch einen Geistlichen aus dem Lande, der im Landes examinirt und ordinirt ist und sich zur Union bekannt, zu besetzen."
Jener Bitte und ihrer in der gedachten Bittschrift enthaltenen Begründung schließen wir uns der Kürze wegen lediglich an. Da hier keine Besoldungs-, Pfarrhausbau-, noch andere Verhältnisse vorliegen, die eine längere provisorische Verwaltung der Stelle gebieten könnten, und da wir ja keine Ausnahme für uns in Anspruch nehmen, sondern gerade den Wunsch aussprechen, daß die Seelsorge an unserer Gemeinde nicht ausnahmsweise einem Ausländer sondern irgend einem würdigen Geistlichen unseres Landes übertragen werden möchte, so glauben wir hierdurch an die Weisheit und Gerechtigkeit Eurer Königlichen Hoheit keine Fehlbitte zu thun.

In diesem Vertrauen ersterben wir Eurer Königlichen Hoheit untertänigste

Weinheim, 29. Aug. 1853.   ALGrimm – Bienhaus – Srösser – Wacker[111]

In der in dem Schreiben zitierten Bittschrift wird auf einen Vorfall im Spätherbst 1852 angespielt, bei dem von Bahder durch seinen Einspruch erfolgreich eine katholische Prozession durch die Innenstadt Weinheims verhindert hatte. Grimm gehörte daraufhin zu den fünf

---

[111] LKA SpA 12945. – Vollständige Namen (alph. Reihenfolge): Friedrich Bienhaus, Christian Sprösser, Adam Wacker (vgl. *250 Jahre Stadtkirche Weinheim*, 1986, S, 59 f.).

Kirchenältesten, welche sich in diesem unnötigen Konfliktfall mit der katholischen Kirchengemeinde von von Bahder distanzierten und mit einem Schreiben vom 29. November an das Erzbischöfliche Ordinariat in Freiburg für ein versöhnliches Miteinander eintraten.[112]

Großherzog, Innenministerium und Oberkirchenrat hielten gleichwohl an von Bahder fest. So war er von 1855 bis 1864 dann offiziell bis zu seinem Ruhestand Stadtpfarrer der Stadtgemeinde, nachdem er 1854 auf diplomatischem Wege aus der „russischen Unterthanenschaft" entlassen und vom Großherzogtum als „Landesangehöriger" aufgenommen worden war.[113]

Grimms Frontstellung gegen von Bahder verwundert allerdings andererseits deshalb, weil von Bahder in Weinheim für die Errichtung eines Rettungshauses sorgte.[114] Wie eine Akte[115] und drei Druckschriften[116] im Landeskirchlichen Archiv dokumentieren, hatte von Bahder zusammen mit Freunden schon am 1. August 1850 einen „kirchlichen Verein für Armenpflege in der evangelischen Stadtgemeinde zu Weinheim" gegründet und ein Rettungshaus nach dem Vorbild von Johann Hinrich Wicherns Rauhem Haus in Hamburg-Horn (1833) und von Christian Heinrich Zellers Rettungshaus in Beuggen in Südbaden (1820) errichtet, da ihn „der traurige Zustand, die elende Verwahrlosung und das leibliche und geistliche Zugrundgehen der großen Mehrzahl derjenigen unehelichen oder verwaisten Kinder" schon seit 1848 bedrückte. Er konnte in Joseph Baumgartner aus Riga, einem Schwager Wicherns, den Hausvater und Lehrer der zunächst mit 7 verwahrlosten oder verwaisten Kindern begonnenen Anstalt gewinnen und in einem gemieteten Haus beginnen. Später wurde das Haus erworben und ausgebaut und die Zahl der Zöglinge bis auf 40 erhöht. Obwohl ein großes Bedürfnis bestünde und in der Region nur eine entsprechende Anstalt in Mannheim existiere, sollten zur Vermeidung von Konflikten nur evangelische Kinder aufgenommen werden. Der Weinheimer Arzt Dr. Ludwig Bender und der Apotheker Jakob Pfander behandelten die Kinder kostenlos und versorgten sie mit Arzneien. Auch sonst konnte das Unternehmen sich zahlreicher Freunde und Förderer erfreuen: Aus Weinheim gehörten dazu die Brüder Bender, der Freiherr von

---

112 Grau / Guttmann, *Weinheim*, 2008, S. 275. Von Bahder allerdings als „streng pietistisch" zu charakterisieren, ist unzutreffend und irreführend; er war vielmehr ein wenig duldsamer lutherischer Konfessionalist.

113 LKA 2.0.22 (PA v. Bahder).

114 Nach Zinkgräf, *Weinheimer Kirchengeschichte*, 1932, S. 102 wurde bereits 1840 durch Hörner in Weinheim eine Armenversorgungsanstalt errichtet, aus der sich später das „Pfründnerhaus" entwickelte. Zinkgräf: „Der sozial denkende Mann regte auch schon vor der Revolution die Errichtung eines Waisenhauses in Weinheim an. Die Gründung konnte aber erst nach der Revolution erfolgen." Vgl. *250 Jahre Stadtkirche Weinheim*, 1986, S. 48.

115 LKA SpA 14584: Weinheim Armensache: Rettungsanstalt Pilgerhaus bei Weinheim 1851–1967. Das bis heute bestehende Pilgerhaus, eine Jugendhilfeeinrichtung in Weinheim, ist die Nachfolgeinstitution der von Bahderschen Gründung.

116 In LKA SpA 12941 (in Frankfurt am Main gedruckte Statuten vom Februar 1850, 16 S.), SpA 12945 (Jahresbericht 1852 des Hausvaters vom 10. Oktober 1852, abgedruckt in: *Monaths-Blatt von Beuggen*, 24. Jg. , Nr. 11, 1852, S. 81–88) und SpA 18443 (*Erster Bericht der Weinheimer Rettungsanstalt über derselben Entstehung und Fortgang vom 1. August 1850 bis Ende 1853*. Im Auftrag des Verwaltungsrathes derselben erstattet von E. v. Bahder", 26 S.; S. 23–26: Verzeichnis der Spender).

Berckheim, der Posthalter und Gemeinderat Karl Hübsch, der Oberamtmann August Frhr. von Teuffel, der Lehrer Julius Röther und je einer aus den Familien Freudenberg[117] und Weisbrod[118]; aus Mannheim unter anderen Jung-Stillings Tochter Amalie Jung, Jung-Stillings Enkel Pfarrer Dr. Wilhelm Schwarz, je einer aus den Familien Bassermann und Behaghel sowie Dekan Winterwerber; aus Karlsruhe unter anderen Markgraf Wilhelm und Gemahlin. Neben Spenden aus dem In- und Ausland wurden zur Finanzierung des Hauses schon im dritten Jahr auch Aktien ausgegeben.

Man hätte annehmen können, dass Grimm als Pädagoge und Kinder- und Jugendschriftsteller ebenfalls zu den Unterstützern des Weinheimer Rettungshauses gezählt hätte. Anscheinend war aber seine Aversion gegen von Bahder so groß, dass er sich nicht dazu entschließen konnte. Im Ruhestand in Baden-Baden gehörte er dann jedoch zu den Förderern des Lichtenthaler Waisenhauses.

Nach Vollendung seines 67. Lebensjahres entschloss sich Grimm, aus Alters- und Gesundheitsgründen seine Berufstätigkeit zu beenden. Dabei spielte sicher auch der Gegensatz zu dem Geistlichen in der Stadtgemeinde, Eduard von Bahder, eine Rolle. Im September 1853 richtete er sein Gesuch an den Regenten um Versetzung in den Ruhestand. In dem über drei Seiten langen Schreiben betont er, dass der Lehrberuf die „Lust" seines Lebens gewesen sei. Doch die „Beschwerden" seines „vorgerückten Alters" nach 47-jähriger Tätigkeit im Lehramte, wenn diese auch um einige Jahre während seiner Bürgermeisterzeit unterbrochen war, und seine jetzigen „Gesundheitsverhältnisse" veranlassten ihn zu dieser Bitte. Denn er dürfe sich „nicht verhehlen, daß mit dem körperlichen Wohlbefinden auch die frische Freudigkeit am Unterrichte geschwunden ist, die allein die erste Bedingung des Segens bei demselben ist. Heftige Ohnmachten, die mich in den letzten Monaten während des Unterrichtes befielen, veranlassten meinen Arzt zu der dringenden Warnung, daß fortgesetzte Anstrengungen mir eine lebensgefährliche Wiederholung dieser Anfälle bringen könnten." In dem beigefügten ärztlichen Zeugnis ist zu dem von „Herzaffektion" die Rede.

Dem Gesuch um Pensionierung wurde zum 25. November 1853 stattgegeben. – Das folgende halbe Jahr vor dem Abschied aus Weinheim ging damit hin, die persönlichen Verhältnisse der fünfköpfigen Familie zu regeln und vor allem alle Weinheimer Haus- und Grundstücksbesitztümer zu verkaufen.[119]

---

117 Der mit von Bahder befreundete junge Unternehmer *Carl Johann Freudenberg (1819–1898)* – vgl. *Carl Johann Freudenberg (1819–1898) und die Seinen*, Heidelberg 1971 (Schriften der Familie Freudenberg in Weinheim, Bd. 2); Abbildungen: S. 128a u. 128n. Seit 1873 war die jüngste Tochter von Bahders, Johanna (1850–1928), verheiratet mit Dr. Friedrich Carl Freudenberg (1848–1942), dem Sohn Carl Johann Freudenbergs.
118 Vermutlich Johann Philipp Weisbrod, 1846–1853 Kirchenältester der Stadtkirchengemeinde (vgl. *250 Jahre Stadtkirche Weinheim*, 1986, S. 60).
119 Im April 1854 zog Carl Johann Freudenberg mit seiner Familie in die von Grimm ausgebaute Kellerei, von ihnen das Berckheimsche oder alte Haus genannt – vgl. *Carl Johann Freudenberg (1819–1898) und die Seinen*, Heidelberg 1971 (Schriften der Familie Freudenberg in Weinheim, Bd. 2), S. 28.

Es war Grimms freie Entscheidung, Weinheim zu verlassen, welches in 48 Jahren für ihn Heimat geworden war. Doch seine Empfindungen werden ambivalent gewesen sein. Einerseits hatten die Auseinandersetzungen im Bergstraßenstreit und im Schulstreit ihn vielen Weinheimern entfremdet und bei ihm ihre Spuren hinterlassen, ebenso die Querelen in den beiden evangelischen Kirchengemeinden. Andererseits hatte er nicht nur beträchtliches Eigentum in der Stadt erworben, sondern auch so manche persönlichen Freunde gewonnen, gerade in der letzten Zeit. Schließlich dachten viele ehemalige Schüler mit Dankbarkeit und Verehrung an ihren Lehrer zurück.

Einer dieser Schüler ergriff sogar die Initiative für ein Ehrengeschenk zum Abschied.[120] Peter Schütz (1801–1864), Sohn eines Weinheimer Bäckers, Schüler Grimms, 1822 Theologiestudent in Heidelberg, seit 1847 Pfarrer in Edingen bei Ladenburg, richtete am 9. März 1854 folgendes Gesuch an das Innenministerium:

Hofrath Grimm in Weinheim ist nach einer Dienstzeit von 40 Jahren gnädigst in Ruhestand versetzt worden, hat seine bedeutenden Besitzthümer in Weinheim an Herrn Baron von Berckheim verkauft und übersiedelt nach Baden, um dort seine Lebenstage friedlich zu beschließen. Die ehemaligen Schüler desselben und etliche seiner Freunde hegen nun die Absicht, demselben kurz vor seinem Abzuge von Weinheim die Gesinnungen der Liebe und Dankbarkeit auszusprechen, sich daher um ihn zu versammeln und ihm ein kleines Ehrengeschenk zu überreichen, das seinen Werth nicht in sich selbst, sondern in den Gesinnungen der Liebe und Dankbarkeit hat. Dieselben haben keinerlei Nebenabsichten, da Hofrath Grimm nicht nur ein sehr begüterter, sondern auch durch schriftstellerische Thätigkeit weithin bekannter Mann ist; sie wollen ihren frühern Lehrer ehren und ihm dieß herzlich und gemeinschaftlich aussprechen auf den 15ten März. d. J. durch Überreichung eines Bildes. Man bittet daher Ein Hochpreisliches Ministerium, die Gründe dieses Vorhabens gnädigst zu würdigen und die Genehmigung desselben geneigtest zu gewähren.

Dem Gesuch wurde stattgegeben. Über das Bild als Ehrengeschenk ist nichts bekannt.

---

120 Das Folgende nach GLA 76/2977, Bl. 37; vgl. Reimers 1985, S. 30f.; Neu, Pfarrerbuch II, 1939, S. 554.

In Baden-Baden:

Leben als Witwer und die Familien der Töchter, soziales und kirchliches Engagement

1854–1869

Im April 1854 zog Grimm mit seiner Frau und seinen drei 19, 17 und 14 Jahre alten Töchtern von Weinheim in die gut hundert Kilometer weiter südlich gelegene Heil- und Kurstadt Baden.[121] Vermutlich erhoffte er sich dort Heilung von seinen Altersbeschwerden, zumal ein Sohn seines gleichaltrigen Studienfreundes Heinrich Wilhelmi (1786–1860) dort Bezirks- und Amtsarzt war: Dr. Karl Wilhelmi, welcher zwei Jahre später sein Schwiegersohn werden sollte, nämlich als Ehemann der ältesten Tochter Auguste. Auch Heinrich Wilhelmi, zuvor Gymnasiallehrer und Direktor in Heidelberg und Hofrat wie Grimm, war ein Jahr zuvor als Witwer und Ruheständler nach Baden-Baden, in die Nähe seines Sohns, gezogen. Die alte Stadt an der Oos war zwar als „heimliche Sommerresidenz Europas" mit ihren unzähligen Kurgästen aus hohem und niederem Adel in ihren Immobilienpreisen und Lebenshaltungskosten bekanntermaßen teuer, doch der vermögende Professor und Hofrat aus Weinheim konnte es sich leisten, in der Unteren Hardtgasse (heute: Merkurstraße) das stattliche, mehrstöckige Haus Nr. 191 zu erwerben.

A. L. Grimm mit den Töchtern Auguste und Luise und der Enkelin Luise, 1861

Gut sieben Monate nach dem Neubeginn in Baden-Baden verstarb am 9. Dezember plötzlich Grimms zweite Frau Friederike, so dass der Ruheständler seinen Lebensabend als Witwer verbringen musste, versorgt von dem selbstverständlich jederzeit vorhandenen Hauspersonal

---

121 Obwohl die „Stadt Baden" oder „Baden in Baden" erst seit 1931 offiziell Baden-Baden heißt, wird im Folgenden durchgängig diese spätere Bezeichnung verwendet.

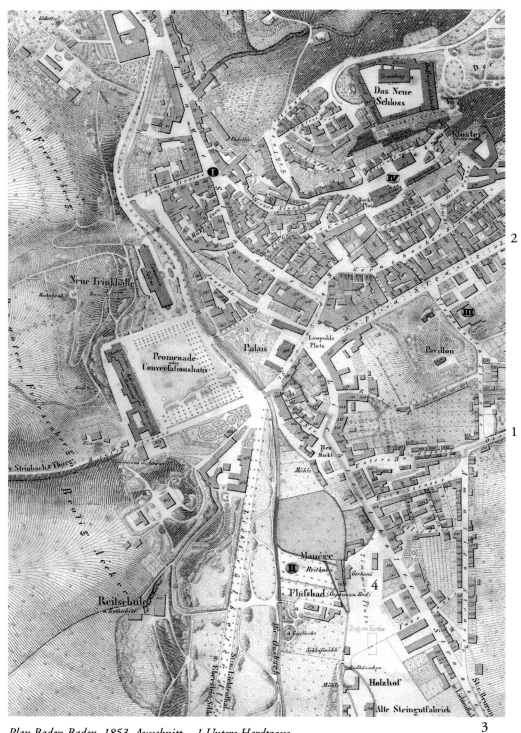

Plan Baden-Baden, 1853, Ausschnitt – 1 Untere Hardtgasse,
2 Sophienstraße,
3 nach Lichtenthal,
4 Evang. Stadtkirche, erbaut 1855–1864

und begleitet von seinen drei Töchtern, zunächst besonders von der ältesten, gerade 19 Jahre alt gewordenen Auguste (1835–1877). Doch diese, deren Name ihn stets an seine erste Frau erinnerte, heiratete schon gut ein Jahr später im Januar 1856 den 21 Jahre älteren „Großherzoglichen Medizinalrat" Dr. Karl Wilhelmi (1814–1877)[122], blieb aber immerhin in der Nähe des Vaters in dem dreistöckigen Haus Nr. 31 in der Sophienstraße wohnen. Weniger als zwei Jahre darauf folgte bereits die Eheschließung der zweiten Tochter Charlotte (1837–1923) mit dem Karlsruher Architekten und Baurat Carl Philipp Dyckerhoff (1825–1893) und damit deren Weggang aus der Nähe des Vaters.[123] Als schließlich Mitte 1869 die dritte Tochter Luise (1840–?) den damaligen „Premierlieutenant" und bald darauf Hauptmann Wilhelm Freiherr Schilling von Cannstatt (1841–1910, bestattet als Generalleutnant i. R.) aus Freiburg ehelichte, war die letzte Grimm betreuende Tochter aus dem Haus gegangen und nach Freiburg gezogen. Daraufhin verkaufte

Dr. med. Karl Wilhelmi, 1865

Grimm sein Haus in der Unteren Hardtgasse – zu einem höheren Preis, als er es fünfzehn Jahre vorher erworben hatte[124] – und zog in eine eigene Wohnung im 3. Stock des Hauses seiner Kinderfamilie Dr. Wilhelmi in der Sophienstraße[125]. – Zwischen 1859 und 1870 wurde Grimm fünf Mal Großvater: Wilhelmis hatten in den Jahren 1859, 1861 und 1864 drei Töchter bekommen, von denen die jüngste jedoch bald nach der Geburt starb; Dyckerhoffs hatten 1861 und 1862 eine Tochter und einen Sohn bekommen, und Schillings von Cannstatt 1870 einen Sohn. Zu Weihnachten versammelten sich die Familien meistens in Baden-Baden.

---

122 Lt. Mitteilung des Stadtarchivs Baden-Baden waren Trauzeugen: Karl August Graf Bose und Stadtdirektor Konrad Kuntz.
123 Dass auf einer Todesanzeige für Grimm (Bad. Allg. Zeitung 1872, S. 5169; vgl. Reimers 1985, S. 33) Charlotte Dyckerhoff geb. Grimm, im Gegensatz zu ihren beiden Schwestern, ohne ihren Ehemann genannt wird, ist nicht zu erklären; in einem Brief Grimms vom 22.12.1869 wird das Ehepaar Dyckerhoff mit den zwei Kindern als erwartete Weihnachtsgäste genannt. Auch im Brief Wilhelmis an Will vom 22.12.1872 ist von den „Dyckerhoffs" die Rede – vgl. das folgende Kap., Anm. 170.
124 Siehe Brief an Heinrich Will (Universitätsarchiv Gießen, Nachlass Heinrich Will) vom 22.12.1869.
125 Ebd.

Familien der Töchter von Albert Ludwig Grimm

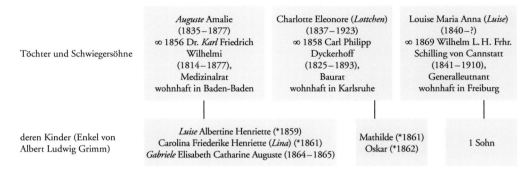

Schon zwei Jahre vor der Geburt seines ersten Enkelkindes hatte Grimm sich 1857 in den Vorstand der Stulzschen Waisenanstalt in Lichtenthal bei Baden-Baden wählen lassen. Diese befand sich im ehemaligen Amtshaus der jahrhundertealten Cistercienserinnen-Abtei Lichtenthal und war 25 Jahre vorher, also 1834, von Großherzog Leopold mit den Mitteln eines großzügigen Spenders gegründet worden: Der in ärmlichen Verhältnissen aufgewachsene badische Schneider Georg Stulz (1771–1832) war im Laufe seines Lebens, besonders durch eine lange Tätigkeit als erfolgreicher Modeschöpfer in London, sehr vermögend geworden und hatte eine große wohltätige Stiftung für Schulen und Kirchen in seinem Heimatland Baden eingerichtet, woraufhin er kurz vor seinem Tod als Georg Stulz Freiherr von Ortenberg geadelt wurde.[126] Zu Grimms Zeiten war es eine feste Einrichtung, dass örtliche Wohltäter zu Weihnachten die etwa 50 Kinder des Waisenhauses bescherten. Noch heute gibt es in Baden-Baden ein großes Kinder- und Jugendheim, das den Namen des Spenders trägt.

Baden-Baden hatte wie die ganze ehemalige Markgrafschaft Baden-Baden ursprünglich eine rein katholische Bevölkerung. Auch noch am Ende des 19. Jahrhunderts stand der evangelischen Minderheit eine mehr als doppelt so große Mehrheit gegenüber. Lange waren die dort und in der Umgebung lebenden Protestanten aus dem rund acht Kilometer entfernten Gernsbach im Murgtal mit versorgt worden, welches aus dynastischen Gründen evangelisch war. Erst eine 1830 eingereichte, mit 112 Unterschriften versehene Bittschrift um Einrichtung einer eigenen Kirchengemeinde hatte Erfolg, zumal der damalige katholische Stadtpfarrer, Geistlicher Rat Johann Andreas Lorenz (†1838), schriftlich „den Evangelischen herzlich Glück (wünschte) zur Erreichung ihres längstersehnten Ziels, Gott nach ihrer Weise öffentlich verehren zu dürfen"[127]: 1832 wurde auf Grund der Genehmigung durch Großherzog Leopold eine evangelische Kirchengemeinde Baden-Baden offiziell errichtet, die jahrzehntelang zum Stadtdekanat Karlsruhe gehörte. Noch

---

126 Vgl. Löser, Geschichte der Stadt Baden, 1891, S.484–487; www.bad-bad.de/gesch/stulz.htm. – Später war in dem Gebäude eine Mädchenschule, heute ist darin die Grundschule des Stadtteils Lichtental untergebracht.

127 Ebd., S. 490.

Ehemaliges Waisenhaus Lichtenthal

1859 zählten zur Diasporagemeinde Baden-Baden lediglich etwa 800 einheimische evangelische Gemeindeglieder unter rund 7500 Stadteinwohnern insgesamt, 1875 waren es dagegen schon etwa 1800 Protestanten[128]. Die zahlreichen evangelischen Sommergäste sind jedoch gleichsam hinzuzählen, besonders auch aus den regierenden Häusern des Großherzogtums Baden und des Königreichs Preußen; war doch die Gemahlin des seit 1852 als Prinzregent und seit 1856 als Großherzog regierenden Friedrichs I., Luise, eine preußische Prinzessin und die Tochter des Prinzregenten (seit 1858) und späteren Königs (seit 1861) und Kaisers (seit 1871) Wilhelm I.

Evangelischer Pfarrer war seit 1851 Karl Friedrich Stolz (1806–1877). Dieser beerdigte im Dezember 1854 Grimms Frau und traute im Januar 1856 sowie im September 1858 die beiden älteren Töchter. Grimm scheint sich in diesen Jahren als Gemeindeglied zurückgehalten zu haben. Spätestens zur Zeit der zweiten Trauung nämlich stand Stolz deutlich in der Kritik als ein Geistlicher, der seinen Aufgaben an dieser gesellschaftlich herausgehobenen Stelle nicht gewachsen war. So wurde er nach seiner Personalakte[129] 1858 auf persönliche Veranlassung Großherzog Friedrichs wegen mangelnder Eignung als Pfarrer des „Weltbads" Baden-Baden zur Aufgabe des Pfarramts gedrängt und in die südbadische Landgemeinde Wolfenweiler versetzt. Die Pfarrstelle wurde daraufhin im November zur Wiederbesetzung ausgeschrieben.

---

128 Ebd., S. 492.
129 GLA 76/7693.

Zu diesem Zeitpunkt schaltete sich auch Grimm ein: Unter eine drei Seiten lange „Geziemende Vorstellung" vom 27. November 1858 an den Oberkirchenrat in Karlsruhe, unterzeichnet von den fünf Mitgliedern des Kirchengemeinderats „EBeuttenmüller, Eyth, Fried. Hambach, Schwarz, W. Meule"[130], setzte er sich mit seinem Namenszug mit einem Zusatz „für den [im Schreiben formulierten] Antrag auf eine Erhöhung der Dotation" der Pfarrstelle ein.

In der Eingabe, aus der indirekt ersichtlich wird, was Pfarrer Stolz nicht leistete, heißt es: Die Auswahl des Pfarrers möchte *der eigenthümlichen localen Verhältnisse wegen eine ganz besondere Rücksichtnahme verdienen.* Als Erstes wird auf die große katholische Bevölkerungsmehrheit hingewiesen, mit der viele der evangelischen Gemeindeglieder durch Blutsbande und Freundschaft eng verbunden seien. *Ferner ist es die große Menge der Fremden in der Sommerzeit, die zu einem nicht geringen Theile der evangelischen Confession angehören und nicht nur die Zahl der hier ansässigen Gemeindeglieder verdoppelt, sondern auch nicht selten sehr gesteigerte Ansprüche in Betreff der Befriedigung ihrer geistlichen Bedürfnisse machen. Zählt man zu diesen Thatsachen noch die verführerische Gelegenheit zu Genüssen und Vergnügungen aller Art, die hier mehr als an anderen Orten in der Sommerzeit geboten ist, so sind damit in der Kürze die wesentlichen Umstände angedeutet* [...] Der Geistliche habe *inmitten dieser hemmenden und störenden Verhältnisse seine Stellung auf dem Boden des Bekenntnisses zugleich mit Festigkeit und Duldsamkeit, wie mit der Kraft der Liebe und der Würde des Glaubens zu behaupten und dadurch seiner Gemeinde als sichere Stütze zu dienen.* Gegenüber den katholischen Glaubensgenossen müsse er Liebe, Duldung und Achtung erzeigen. Dann werde er *auf die katholische Bevölkerung selbst einen beifälligen, wenn nicht anziehenden Einfluß üben, zumal wenn er zugleich ein guter Kanzelredner ist, da in diesem Falle, wie wir versichert zu sein glauben, unser evangelischer Gottesdienst nicht selten auch von katholischen Mitbürgern besucht werden wird.* [...] *Aber auch die zahlreichen Fremden werden bei aller Verschiedenheit ihrer geistlichen Bedürfnisse ihre Befriedigung finden, sofern der Geistliche fest auf dem Boden der Bekenntnisse steht und die darin enthaltenen Wahrheiten in klarer, eindringlicher und ansprechender Redeweise vorträgt. Sie werden dann ohne Zweifel einen größeren Antheil als bisher an unseren kirchlichen Verhältnissen bethätigen, was für diese auch in materieller Hinsicht von nicht unerheblichem Vortheile sein dürfte.*

Nachfolger von Stolz wurde 1859 *Adolf* Magnus Hansen (1819–1905). Hansen[131] war Lehrersohn und stammte aus Schleswig. Nachdem Schleswig 1848 dänisch geworden war, durfte er seines Deutschtums wegen kein Amt übernehmen. Er trat in den badischen Kirchendienst und wurde Seelsorger im neugebauten Zellengefängnis in Bruchsal. Er stand der Brüdergemeine nahe und hielt sich zu den Männern der Erweckungsbewegung wie Alois Henhöfer im Badischen (†1862) und Johann Christoph Blumhardt im Schwäbischen (†1880). Von Bruchsal holte ihn 1859 das Vertrauen des Großherzogs Friedrich I. nach Baden-Baden, obwohl man hier lieber

---

130 LKA SpA 14523,2. – Beuttenmüller und Eyth sind bekannte badische Namen; die Entzifferung der Namen Hambach und Meule ist unsicher. – Es ist nicht undenkbar, dass Grimm den folgend zitierten Brief formuliert hat.

131 Das Folgende wörtlich, mit wenigen Ergänzungen und einer Kürzung, nach den Webseiten der Evang. Kirchengemeinde Baden-Baden, verfasst von Pfarrerin Silke Alves-Christe.

einen Pfarrer der liberalen Richtung gesehen hätte. Aber seine schlichte Frömmigkeit und seine Tatkraft, mit der er den Kirchenbau voran trieb (dazu im übernächsten Abschnitt), ließen ihn bald die Herzen der Gemeindeglieder gewinnen. Unter seiner Kanzel saßen die Großen seiner Zeit. Die Freundschaft zum Hause der Fürsten Hohenlohe-Langenburg ermöglichte ihm die Gründung einer Kleinkinderschule (dem Vorläufer der Kindergärten), ein epochemachendes Ereignis für jene Zeit. Doch die Amtsführung fiel ihm nicht leicht. Der Kirchenbau hatte ihn schließlich so mitgenommen, dass ihm der Arzt jede anstrengende Tätigkeit bei der Einweihung 1864 untersagte, er durfte nur ein kurzes Gebet sprechen. Acht Jahre führte er das Pfarramt allein, zu dem auch die Vororte von Oos bis Oberbeuern gehörten, kilometerweit das Flüsschen Oos abwärts und aufwärts. Für die weitverzweigte Diaspora hatte er den gesamten Religionsunterricht zu erteilen. Als er endlich einen Vikar bekam, wirkte sich dessen gegensätzliche theologische Richtung für die Zusammenarbeit und für die Gemeinde nicht vorteilhaft aus, da sich die freigeistige Bäderstadt gern modernen Strömungen öffnete. Die mühsam durchgehaltene, von ihm eingerichtete evangelische Volksschule „im Baldreit" musste in der städtischen Simultanschule aufgehen. Alles zusammen, auch der frühe Tod seiner Frau, ließen ihn vorzeitig mit 58 Jahren um seine Pensionierung bitten. 1877 schied er in Baden-Baden aus seinem Amt. Die Gemeinde ehrte ihn noch zu Lebzeiten mit einer Gedenktafel in der Kirche, im Seitenschiff rechts an der Wand bis heute zu sehen: „Dem Evangelischen Stadtpfarrer Herrn Adolf M. Hansen für achtzehnjährige treue Führung des Pfarr- und Seelsorger-Amtes und ersprießliche Förderung des Baus dieser Kirche in dankbarer Erinnerung die evangelische Kirchengemeinde Baden, Juli 1877 – Hebr. 13,7".[132] (Nach einer dreijährigen Phase der Rekonvaleszenz war Hansen von 1880 bis 1893 dann noch Pfarrer der kleinen Landgemeinde Köndringen im südbadischen Dekanat Emmendingen.)

Schutzengel mit Kind in Lichtenthal

Pfarrer Hansen taufte 1859, 1861 und 1864 die drei Enkelkinder Wilhelmi und traute am 1. Juli 1869 Grimms jüngste Tochter Luise[133]. Dass die gesamte Familie Grimm-Wilhelmi zu den regelmäßigen Gottesdienstbesuchern gehörte, darf als sicher angenommen werden. Spä-

---

132 Ähnliche Gedenktafeln erhielten später an der hinteren Kirchenschiffwand unter der Orgelempore Hansens Nachfolger: Pfarrer und Dekan Wilhelm Ludwig (1878–1919 in Baden-Baden) und Pfarrer und Dekan Karl Hesselbacher (1919–1938 in Baden-Baden). – Der Ludwig-Wilhelm-Platz und die Ludwig-Wilhelm-Straße, an denen die Stadtkirche liegt, erinnern an den Markgrafen Ludwig Wilhelm von Baden-Baden, den sog. Türkenlouis (1655–1707).
133 Bei der Hochzeitsfeier war auch Pfarrer Hansen einer der Gäste, s. Brief an Heinrich Will (Universitätsarchiv Gießen, Nachlass Heinrich Will) vom 22.12.1869.

testens seit 1863 beteiligten sich Grimm und Schwiegersohn Wilhelmi auch ehrenamtlich am Leben der Kirchengemeinde. Karl Wilhelmi war Kirchenältester, mindestens zehn Jahre lang.[134] Grimm war Mitglied und vermutlich Vorsitzender der Kirchengemeindeversammlung[135], dazu Mitglied im Ortsschulrat[136] und berufenes Mitglied des Diözesanausschusses für Schul- und Kirchenvisitationen[137].

Wieweit Grimm sich über Kollekten und Spenden hinaus auch für den Bau der Evangelischen Stadtkirche engagierte, der sich länger als die gesamten 18 Jahre seines Ruhestands in Baden-Baden hinzog, ist nicht ersichtlich. – Seit 1832 hatte die kleine evangelische Gemeinde die kleine katholische Spitalkirche[138] mit benutzt. Erst 1841 wurde eine Kollekte für einen eigenen Kirchenbau genehmigt. Im gleichen Jahr stellte die Stadtverwaltung einen Bauplatz in der Lichtenthaler Vorstadt unentgeltlich zur Verfügung. Neben Stiftungen und Erbschaften, Spenden von Kurgästen und sogar Sammlungen in deren Heimatgemeinden war unter den Förderern beispielsweise auch der Spielbankpächter Edouard Bénazet. 1853 entschied sich der Kirchengemeinderat unter fünf verschiedenen Bauplänen für den des Karlsruher Professors Friedrich Eisenlohr, der aber 1854 starb. Am 9. September 1855 fand die feierliche Grundsteinlegung statt. Unter dem großherzoglichen Baudirektor Heinrich Hübsch (1795–1863; er stammte aus Weinheim und war Grimm als Sohn des dortigen Posthalters Karl Hübsch gut bekannt; 1850 war er in Rom zum Katholizismus konvertiert) wurden die Bauarbeiten stockend fortgeführt. Obwohl der Kirchengemeinderat beschlossen hatte, vorerst auf Kirchtürme zu verzichten, bis die Finanzmittel dafür vorhanden seien, musste der Bau 1858 wieder ausgesetzt werden, weil bis dahin eine Schuldsumme von 25.000 fl.[139] auf der Gemeinde lastete.[140] Pfarrer Hansen erreichte es jedoch, dass 1859 die badische Ständekammer in Karlsruhe 30.000 fl. als Beitrag zur Fortsetzung des Kirchenbaus bewilligte. Freiwillige Beiträge erbrachten weitere

---

134 LKA: SpA 18123, Baden[-Baden]: Kirchendienste, dort 1863, 1867, 1872, 1873.
135 LKA: SpA 269,1, Baden[-Baden]: Stiftungsverwaltung, den evang Kirchenfond zu Baden betr.; dort unterzeichnet Grimm „namens der Kirchengemeindeversammlung" die Genehmigungsprotokolle der Kirchengemeindeversammlung zu den Voranschlägen pro 1863/65, 1865/67, 1869/70 und 1870/71.
136 LKA: SpA 267,1, Baden[-Baden]: Schulaufsicht, am 14. August 1865 ist bei der „Prüfung an der höheren Bürgerschule in Baden in den Religionsgegenständen" unter anderen auch „Hofrath Grimm" anwesend.
137 Vgl. Brief an Heinrich Will (Universitätsarchiv Gießen, Nachlass Heinrich Will) vom 21.7.1870: (Als ich Deine Post erhielt,) „war ich gerade als Mitglied des Diözesan-Ausschusses berufen, als Assistent einer Kirchenvisitation in Karlsruhe beizuwohnen, die acht volle Tage in Anspruch nahm." (Grimm war zu der Zeit 84 Jahre alt.)
138 Dieses spätmittelalterliche Kirchlein, bergaufwärts am Stadtrand gelegen, nicht weit von der großen katholischen Stiftskirche, war mit einem Spital für Sieche und Kranke verbunden, das erst im 19. Jh. aufgelöst wurde. Hinter der Spitalkirche befand sich bis 1843 der mittelalterliche Friedhof der Stadt. Die Spitalkirche wird heute von den Altkatholiken benutzt.
139 Florin = Gulden. 1871 wurde im deutschen Sprachraum die Goldmark eingeführt, ab 1876 war der Gulden im Deutschen Reich nicht mehr als Zahlungsmittel zugelassen.
140 Dies und das Folgende nach Löser, *Geschichte der Stadt Baden*, 1891, S. 491.

10.000 fl., 1860 ein Vermächtnis 24.000 fl., 1860 bis 1863 weitere freiwillige Beiträge etwa 39.000 fl. Zustiftungen der Familien des Großherzogs und des Erbprinzen finanzierten die großen farbigen Chorfenster. Deren Familie gehörte im Sommer zu den regelmäßigen Gottesdienstbesuchern. Aber auch das deutsche Kaiserpaar, die englische Queen Victoria, Fürst Bismarck und Graf Moltke taten es dem badischen Herrscherhaus gleich, wenn sie in Baden-Baden weilten. Diese höchsten Herrschaften nahmen dann stets in den rechts und links auf der Höhe des Chorraums befindlichen logenartigen Abteilungen der Seitenemporen Platz.

Ein Glück im Unglück kam der Kirchengemeinde noch zu Hilfe: Nach dem missglückten Baden-Badener Attentat auf König Wilhelm von Preußen am 14. Juli 1861 trafen aus Dankbarkeit von verschiedenen Seiten weitere Spenden für den Kirchenbau ein. So sind im unteren Teil des rechten Chorfensters, des Auferstehungsfensters, unter der

Evangelische Stadtkirche Baden-Baden, Entwurf Friedrich Eisenlohr 1853

Textzeile „Zur Erinnerung an den 14. Juli 1861" die Staatswappen Preußens (der preußische Adler) und Badens (die Landesfarben Gelb-Rot-Gelb) und die Ehewappen der Kinder Wilhelms I., Baden / Preußen (Großherzog Friedrich I. von Baden und Gemahlin Luise geb. Prinzessin von Preußen) und Preußen / Großbritannien und Irland (Kronprinz Friedrich Wilhelm von Preußen und Prinzessin Victoria, Tochter von Queen Victoria – mit dem vierfach geteilten Wappen des Königreichs Großbritannien und Irland). Hinter den Wappen steht auf schräg verlaufenden Spruchbändern „Der Herr hat seinen Engeln befohlen über dir, daß sie dich auf den Händen tragen" (nach Ps. 91, 11.12), links und rechts ist zu lesen: „Unsere Hilfe kommt von dem Herrn, der Himmel und Erde gemacht hat" (Ps. 121, 2), und unten steht „Gott mit uns".

Noch ein anderes Engagement kam hinzu: Von 1861 an initiierte die Deutsch-Russin Charlotte von Schubert aus St. Petersburg und ein aus zwölf Damen bestehendes, von Pfarrer

Evangelische Stadtkirche Baden-Baden, Einweihung 1864

Hansen ins Leben gerufenes Damenkomitee einen über eineinhalb Jahre sich hinziehenden Basar, der 12.000 fl. eintrug.[141] In einem freien Zimmer ihrer Wohnung in der Sophienstraße 37 – also in der Nachbarschaft des Hauses Nr. 31 von Familie Dr. Wilhelmi – sammelte sie die eingehenden Basar-Spenden. Noch vor der Einweihung der Kirche stifteten Charlotte von Schubert und ihr Bruder Friedrich persönlich zwei Kirchenfenster, darunter das große, hohe Fenster über der Eingangsfront, welches ganz oben in der Spitze, von unten kaum zu erkennen, das von Schubertsche Wappen zeigt: den Erzengel Michael mit dem Leitspruch „quo fas et gloria ducunt" (etwa: [Überall] wohin Pflicht und Ehre [uns] leiten).

Nachdem die Kirche mit einer Luftheizung versehen und die Durlacher Orgelbaufirma Heinrich Voit ein (nicht erhaltenes) Orgelwerk erstellt hatte, konnte am 8. Mai 1864 in Anwesenheit des Großherzogs das Gotteshaus eingeweiht werden. Für die noch fehlenden Türme schenkte die Stadt Baden-Baden der evangelischen Gemeinde am Einweihungstag 10.000 fl. Der Kirchenbau-Hilfsverein wurde in einen Turmbauverein umgewandelt, der bis 1875 rund 40.000 fl. zur Verfügung zu stellen vermochte. So konnten schließlich am 1. Oktober 1876 die beiden heute noch den Kirchenbau prägenden hohen neugotischen Türme eingeweiht werden, nicht mehr nach dem ursprünglichen Entwurf Eisenlohrs, sondern nach den Plänen des großherzoglichen Baurats Heinrich Lang.

---

141 Fuss, *Baden-Baden*, 1994, S. 161 f. – Charlotte von Schubert hat 1866 selbst „Erinnerungen" aufgeschrieben.

In Baden-Baden:

Die letzten Jahre: Altersschriften, Deutsch-Französischer Krieg und Lebensende

1859–1872

Leider gibt es keinerlei Zeugnisse darüber, ob oder wieweit Grimm am gesellschaftlichen Leben Baden-Badens in diesen 1850er und 1860er Jahren teilgenommen hat, in denen internationale Gäste wie nie zuvor und nicht wieder danach in die Kurstadt kamen. Mit Sicherheit hat er sich nicht am Glücksspiel im Spielkasino (seit 1855 neu eröffnet, 1872 wurde das Glücksspiel wieder einmal verboten) beteiligt und wohl auch nicht die internationalen Pferderennen in Iffezheim bei Baden-Baden (seit 1858) besucht. Doch die Stadt war ja auch eine Kulturstadt mit eigenem Theater (seit 1862) und vor allem mit vielen bedeutenden Konzerten internationaler Künstler: Clara Schumann gab in den Jahren 1862–1867 jährlich und auch danach noch verschiedentlich Konzerte, Johannes Brahms 1864 und öfter und Richard Wagner 1865. Die zahlreichen ausländischen Schriftsteller und Künstler werden damals allerdings wohl noch wenig bekannt gewesen und in der Öffentlichkeit in Erscheinung getreten sein, wenn sie in Baden-Baden weilten, so die Russen Leo Tolstoj (1857 und 1860/61), Fjodor Dostojewskij (1863/64 und 1867) und Iwan Turgenjew (1863–1872); außerdem Victor Hugo (1865), Mark Twain und Honoré de Balzac; die Maler Gustave Courbet (1858/59 und 1869/70), Eugène Delacroix (um 1860) und Anselm Feuerbach (1861–1864). – Aufsehen erregte dagegen in der Bevölkerung sicherlich 1860 der Baden-Badener Fürstenkongress zur Beilegung des Konflikts zwischen Frankreich und Österreich, auf Einladung des preußischen Prinzregenten Wilhelm zu Stande gekommen und mit dem französischen Kaiser Napoleon III. unter den Teilnehmern.

Dass Grimm in den Ruhestandsjahren in Baden-Baden aus dem öffentlichen Leben zurückgezogen lebte, zeigt sich auch darin, dass er wieder schriftstellerisch aktiv wurde. Ausnahmen waren nur seine beratenden Tätigkeiten im Vorstand des Lichtenthaler Waisenhauses und in Kirchengemeinde und Kirchenbezirk und – dies kommt noch hinzu – seit 1859 im Vorstand des badischen Zweigvereins der Deutschen Schillerstiftung (Heidelberg mit Mannheim und Karlsruhe). Die Schillerstiftung mit Sitz in Weimar war 1855 gegründet worden als die älteste deutsche private Fördereinrichtung für Schriftsteller und hatte sich 1859 in zahlreichen deutschen Städten konstituiert.

Seit die Brüder Grimm, welche sich in den Jahren zuvor fast nur noch mit ihrem Deutschen Wörterbuch befasst hatten, gestorben waren (Wilhelm Grimm 1859, Jakob Grimm 1863), ging Albert Ludwig Grimm wieder mit neuen umfangreichen Märchenbüchern[142] an die

---

142 Je zwischen 350 und 550 Seiten in Oktavformat umfassend.

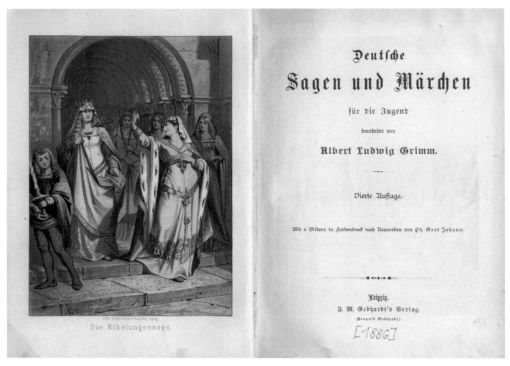

Öffentlichkeit, nun durchweg in dem Leipziger Verlag J. M. Gebhardt[143] und mit Illustrationen von dem damals populären Zeichner und Maler Heinrich Leutemann (1824–1905) in jährlichem Abstand erscheinend: 1867 kamen „Deutsche Sagen und Märchen, für die Jugend bearbeitet" heraus.[144] 1868 waren es „Musäus' Volksmährchen der Deutschen, für die Jugend bearbeitet".[145] 1869 folgten „Mährchen des Tausend und Ein Tages, für die Jugend bearbei-

---

143 Hier war Näheres nicht zu ermitteln.
144 2. Aufl. 1872, 533 S.; 4. Aufl. 1886.
145 VI, 477 S. (Grimm schreibt nach wie vor Märchen meist mit „h", die oder der Verleger folgte/n ihm darin nicht immer.) – Johann Karl August Musäus (1735–1787), Gymnasialprofessor in Weimar, brachte 1782–1786 die weit verbreitete achtbändige Sammlung „Volksmärchen der Deutschen" in kunstvoller Umgestaltung heraus. – Dazu schreibt Grimm am 21.12.1868 an Will (Universitätsarchiv Gießen, Nachlass Heinrich Will): „So leicht Manchem die Arbeit dünken mag, solche Geschichten nur anders zu erzählen, so hat es doch seine eigenen Schwierigkeiten, sie so zu erzählen, daß man sie ohne Bedenken der Jugend in die Hand geben darf. Oft ist der ganze Bau vom Fundamente aus abzureißen, was auch in allen Theilen Änderungen nach sich zieht, u. doch soll es derselbe Bau bleiben. Du siehst wenigstens, daß ich noch nicht unthätig sein kann. Ich bin auch schon wieder mit einem neuen Unternehmen beschäftigt, für das ich schon den Vertrag mit einem Verleger abgeschlossen habe, das ein Gegenstück zur 1001 Nacht geben soll u. den Titel ‚1001 Tag' führen wird."

tet"[146], wobei es sich um persische Märchen handelte. 1870 erschienen „Hauff's Mährchen, für die Jugend durchgesehen".[147] Das letzte Buch war 1871 eine Sammlung aus den verschiedensten anderen Büchern Grimms unter dem Titel „Mährchenbuch. Eine Weihnachtsgabe für die Jugend" (349 Seiten). – Gleichzeitig waren gerade in den 1860er und Anfang der 1870er Jahre zahlreiche Neuauflagen älterer Werke Grimms erforderlich geworden, so: von den „Mährchen der Tausend und Eine Nacht" (1820) nun 1864 die dritte, 1867 die vierte und 1871 die fünfte Auflage[148]; von den „Kindermährchen" (1808/09) 1869 die sechste Auflage; von den „Mährchen der alten Griechen und Römer für Kinder" (1824–26) 1865 die dritte Auflage unter dem Titel „Sagen und Mährchen aus der Heroenzeit der Griechen und Römer" und 1872 die vierte Auflage; und von den „Märchen aus dem Morgenlande" (1843) 1872 die zweite Auflage.

Einband: Tausend und ein Tag, 1869

In den letzten Lebensjahren Grimms lebte auch dessen enges freundschaftliches Verhältnis zu einem seiner ehemaligen Weinheimer Schüler auf, was aus sechs erhaltenen Briefen Grimms der Jahre 1868–1872 hervorgeht: das Verhältnis zu Heinrich Will (1812–1890). Dieser war der Sohn des Weinheimer Stadtschreibers und kam nach dem frühen Tod seiner Eltern als eine Art Adoptivsohn in das Haus von Albert Ludwig Grimm (ähnlich wie dieser 1804 oder 1805 in das Haus von Professor Schwarz in Heidelberg auf-

---

146 Vgl. die vorige Anm. am Schluss. Am 22.12.1869 schickte Grimm ein Exemplar seiner „persischen Märchen" nach Gießen als Weihnachtsgabe für eine Tochter Heinrich Wills.
147 378 S. – Der Schriftsteller Wilhelm Hauff (1802–1827) ließ 1826–1828 drei Jahre lang „Mährchenalmanache" mit anschaulich-realen Märchen im Stil orientalischer Rahmenerzählungen erscheinen.
148 Die 12. und letzte Auflage erschien 1911.

Prof. Dr. Heinrich Will, um 1850

genommen worden war).[149] Will studierte Chemie und ging 1835 an die Universität Gießen, wo er Professor wurde und von 1853 bis 1882 als Schüler des berühmten Chemikers Justus von Liebig (1803–1873; Liebig ging 1852 von Gießen nach München) dessen Lehrstuhl inne hatte.[150] 1869/70 war Will Rektor der Universität Gießen. (Auch mehrere seiner Nachkommen wurden bekannte Chemiker.) – Nach den sechs Briefen im Universitätsarchiv Gießen[151] korrespondierten Grimm und Will nicht nur und tauschten Familiäres aus, sondern Will besuchte seinen ehemaligen Pflegevater wiederholt in Baden-Baden, vermutlich noch einmal im Spätherbst vor dessen Tod.[152]

Nach einigem Zögern gab Grimm auch seiner dritten Tochter die Einwilligung zur Heirat, zumal Will ihm zugeraten hatte[153]: Am 1. Juli 1869 ehelichte die inzwischen schon 29-jährige Luise den ein Jahr jüngeren Offizier *Wilhelm* Ludwig Heinrich Freiherr Schilling von Cannstatt (1841–1910) aus Freiburg, obwohl dieser noch nicht Hauptmann – Grimms eigentliche Vorbedingung – sondern erst Premierlieutenant war (1871 wurde er bereits Hauptmann und avancierte am Ende sogar zum Generalleutnant). Immerhin verlor Grimm dadurch seine Betreuerin, so dass er in den 3. Stock des Hauses seiner Kinder Dr. Wilhelmi in der Sophienstraße zog und sein eigenes Haus in der Hardtgasse verkaufen musste, jedoch mit Gewinn gegenüber dem Kaufpreis fünfzehn Jahre zuvor. So schrieb Grimm ein halbes Jahr nach der Hochzeit an Will: *Von Seiten des Bräutigams waren mit ihm 16 Verwandte dabei, von meiner Seite Pfr. Joseph*[154] *u. Külp*[155]*, der Pfarrer* [Hansen, der die Trauung vollzog] *u. ein paar*

---

149 Nach Allgayer 1931, S. 73, Anm. 125.
150 Nach der Website einer Gießener Stiftung: www.das-kloster-giessen.de. Vgl. jetzt auch den Wikopedia-Artikel.
151 Oben wurde bereits wiederholt auf einzelne der Briefe Bezug genommen.
152 Brief vom 2.9.1872 und Brief Wilhelmis an Will vom 22.12.1872 – siehe unten am Ende des Kapitels.
153 Vgl. Brief vom 22.12.1869.
154 Friedrich Ludwig Joseph (1805–1881), Pfarrer in Ladenburg, Nachfahre der Mutter Grimms, die eine geborene Joseph aus Dallau (Dekanat Mosbach) war.
155 Wohl ein Sohn des langjährigen Weinheimer Pfarrers und Freundes von Grimm, Johann Ludwig Külp (†1849).

Unvermeidliche[156]. *Am Abende reisten die Brautleute in die Schweiz, wo sie 8–10 Tage verweilten. Sie kamen sehr glücklich zurück u. Luise brachte bald darauf die Tage, an welchen ihr Mann den Manövern beiwohnen mußte, wieder bei mir zu. In den letzten Tagen des November habe ich sie auf 3 Tage besucht, hatte aber abscheuliches Wetter zu diesem Besuch. Nächsten Freitag erwarte ich nun die beiden Freiburger*[157] *u. auch Dyckerhoff mit Lottchen u. den Kindern*[158]. *– Da ich mein Haus verkauft u. den 3. Stock bei Wilhelmi bezogen habe*[159], *werden sich nun alle zur Bescherung* [an Weihnachten] *in Doctors*[160] *Salon versamlen. Das sind die letzten Lichtpunkte in diesem Jahr. – Meine Wohnung bei Wilhelmi ist zwar etwas beschränkt, doch habe ich ein geräumiges Arbeits- u. Wohnzimmer, das ich mir ganz behaglich eingerichtet habe, ein gutes Zimmer, ein gutes Schlafzimmer u. auch ein Fremdenzimmer mit 2 Betten. – Meinen Garten werde ich zwar im Sommer sehr vermissen. Doch ist die ganze Umgebung Badens ja ein wohlgepflegter Garten […] Mein Haus habe ich gut verkauft, um 6000 fl. höher, als es mich mit Ankauf u. Verwendungen kostete.*

In die letzte Lebenszeit Grimms fielen dann die Unruhen des Deutsch-Französischen Kriegs. Am 19. Juli 1870 hatte Frankreich Preußen den Krieg erklärt. Da die süddeutschen Staaten sich – entgegen den französischen Erwartungen – sofort an die Seite des Norddeutschen Bundes stellten, war auch Baden involviert. Weil die Regierung Napoleons III. bereits am 13. Juli König Wilhelm ein Ultimatum gestellt hatte, heißt es in einem Brief Grimms an Will vom 21.7.: *Am 14. kam schon für Schilling die Einberufungs-Ordre u. seitdem leben wir hier, – nun Alle – in großer Aufregung. Heute werden von dem Militär die Pferde ausgewählt, die zum Dienste brauchbar sind. Ein Lazareth für Verwundete wird eingerichtet, Vorräthe an Viktualien werden in großen Massen von der Stadt angeschafft u. eingeführt. Die Truppenbewegung auf der Bahn soll sehr groß sein. Schilling ist jetzt mit seinem Regiment in Rastatt*[161] *oder Umgegend. Du kannst Dir denken, daß Luise sehr angegriffen ist u. mit großer Sorge der Zukunft entgegen sieht. Allerdings ist ein plötzlicher Überfall in unserer Gegend, der Festung wegen, kein ganz unwahrscheinlicher Fall. Allein im Ganzen vertraue ich auf einen für Deutschland günstigen Ausgang. Die Preußen sind schon längst auf einen so plötzlichen Ausbruch des Krieges gefaßt u. gerüstet, besser als die Franzosen, die ihn veranlassen. Zudem ist die Stimmung in Paris keineswegs eine kriegerische, so daß der Kaiser Napoleon bei der geringsten Niederlage dort eine Revolution zu fürchten hat.* Glücklicherweise blieben Rastatt und die Region von unmittelbaren Kampfhandlungen verschont. Doch zur Arbeit in den eingerichteten Lazaretten war Schwiegersohn Dr. Wilhelmi

---

156 Wer damit gemeint ist, ist nicht ersichtlich, doch wohl nicht die beiden älteren Töchter mit den Schwiegersöhnen.
157 Freiburg im Breisgau war der Wohnort von Luise und Wilhelm von Schilling.
158 Die mittlere Tochter Charlotte (*07.03.1837), seit 1858 verheiratet mit dem Baurat Carl Philipp Dyckerhoff (*14.01.1825), und deren Kinder Mathilde (*17.07.1861) und Oskar (*02.09.1862), in Karlsruhe wohnend.
159 Vgl. den Brief vom 21.12.1868.
160 Schwiegersohn Wilhelmi.
161 Rastatt (12 km nordwestlich von Baden-Baden entfernt, nahe des Rheins gelegen) war 1842–1852 an der Grenze zu Frankreich vom Deutschen Bund zur Bundesfestung ausgebaut worden.

dienstlich abgeordnet und seine Frau Auguste freiwillig hinzugestoßen. So schreibt Grimm bereits am 17. September: *Wilhelmi hat als Direktor der verschiedenen hiesigen Lazarethe u. als Arzt des bedeutendsten |: im Armenbade :| so viel zu thun, daß ich ihn nur zuweilen u. nur auf Augenblicke sehe. Auch Auguste ist bei der Pflege der Kranken sehr thätig. Sie ist jeden Tag dort anwesend, dirigirt die Küche u. legt bei Verwundeten u. Kranken selbst thätige Hand an. Wenn sie des Nachmittags dort abkommen kann, sitzt sie in dem Arbeitslokal des Frauenvereins*[162] *u. hilft dort zuschneiden u. zurichten.*[163] *Wer hätte früher Solches ihr zugetraut? Auch die kleine Luise*[164] *ist Mitglied des Vereins u. trägt mit Stolz die Medaille mit dem Kreuze.* – Luise ist natürlich fortwährend in großer Sorge um ihren Mann, der bisher vor Straßburg lag. Jetzt ist er dem Corps zugetheilt, das den Oberrhein[graben] *von dem zusammen gerotteten Gesindel, Mobilgards*[165], *Franktireurs*[166], *arbeitslosen Fabrikarbeitern u. dgl. reinigen muß*.

Bekanntlich wurde am 18. Januar 1871 im Spiegelsaal von Versailles König Wilhelm I. von Preußen zum Deutschen Kaiser ausgerufen, wobei sein Schwiegersohn, der badische Großherzog Friedrich I. das erste Hoch auf ihn ausbrachte. Nach dem siegreichen Ende des Kriegs schrieb Grimm am 3. Juni dann noch einmal von der gehabten steten Sorge der Tochter Luise und der ganzen Familie um den Mann im Felde sowie über die Lazarettarbeit: *Gott sei Dank, daß alle Angst vergeblich war Er hat den ganzen Feldzug mit seinen Gefahren u. Strapatzen glücklich u. wohlbehalten überstanden u. kam mit dem eisernen Kreuz*[167] *u. dem badischen K[arl]-Friedrichs-Militärorden geschmückt als Hauptmann zurück. Auch zwei seiner Brüder, ein Leutnant u. ein Freiwilliger erhielten das eiserne Kreuz. Luise ist sehr glücklich. Schilling ist ein ausgezeichnet gebildeter Offizier,* […] *Wilhelmi hat durch die hiesigen Lazarethe, deren Chef er ist, viel zu thun gehabt u. immer noch ist er durch die vielen verwundeten Offiziere, die sich hier sammeln, sehr in Anspruch genommen. Außer dem ist ihm jetzt auch noch die Versehung der Stelle eines Badearztes übertragen* [worden]. *Auguste hat sich als Mitvorsteherin eines Lazarethes sehr thätig gezeigt, ja sogar bei einer Amputation die blutenden Adern unterbinden helfen*.

Der letzte Brief Grimms an seinen „lieben Freund Will" vom 2. September 1872, ein Vierteljahr vor seinem Tod, zeigt schon eine Ahnung von seinem nahenden Lebensende. Bereits beim Besuch Wills im Herbst 1871 müssen die Spuren seines schon lange dauernden Unwohlseins sichtbar gewesen sein. *Aber, siehe, ich habe ein zähes Leben u. bin immer noch im Kreise der Lebenden. Freuen kann ich mich eines so langen Lebens freilich nicht mehr, u. ich trage es nur,*

---

162 Der Badische Frauenverein (nach 1918 badische Rote-Kreuz-Schwesternschaft) wurde 1859 unter dem Einfluss des schweizerischen Gründers des Roten Kreuzes Henri Dunant von Großherzogin Luise von Baden (Tochter des preußischen Königs Wilhelms I.) gegründet, in den Anfangsjahren vor allem zur Pflege von Kriegsverwundeten; er spielte mit seiner sehr großen Zahl von Mitgliedern und Ortsvereinen im badischen Großherzogtum eine bedeutende Rolle.
163 Auguste Wilhelmi berichtete zwei Jahre später in einem Büchlein über diesen ihren Einsatz, freilich etwas relativierend. Dazu siehe kurz weiter unten.
164 Die fast 11-jährige Tochter der Eheleute Wilhelmi.
165 Mobile Wachmannschaften (unsichere Lesart).
166 Freischärler während der Revolutionskriege (1830 bzw. 1848) und im Krieg 1870/71.
167 Eisernes Kreuz: in den Freiheitskriegen gegen Napoleon gestifteter Soldatenorden.

weil ich es eben ertragen muß. Dennoch aber suche ich, wenn mich die Meinigen besuchen, ein heiteres Gesicht zu zeigen, um ihnen nicht auch durch Grämlichkeit lästig zu fallen. Ja, es ist meine größte Sorge, daß ich am Ende so weit herunter komme, daß ich ihnen noch mehr zur Last falle. Ich erkenne dankbar, was sie alle für mich thun. Ich stehe zwar noch immer mit dem Tage auf, muß mich aber mit dem Aufenthalte auf meinem Großvaterstuhl begnügen. Seit dem 2tn. April bin ich noch nicht aus dem Hause gekommen. Ich habe Frühling u. Sommer nur von meinem Fenster aus beobachtet, u. denke nun bald, mich ganz für den Winter einzuspinnen. – Wie sehr würde mich ein Besuch von Dir in meiner Einsamkeit erfreuen. Ich mag aber kaum Dich darum zu bitten. Es ist ja ein gar zu unangenehmer Anblick, einen Freund, der so weit herab gekommen ist, in solchem Zerfalle wieder zu sehen. Könntest Du mir aber dennoch ein paar Tage schenken, welche Freude machtest

Du mir! Wir wollten trotz Unwohlsein u. Schwäche doch einige heitere Stunden zusammen verleben. So habe ich nun einen Wunsch ausgesprochen, den ich schon seit Anfang Deiner Ferien gerne geäußert hätte, den ich aber als allzu egoistisch bisher unterdrückte. – Die Meinigen sind Gott sei Dank! alle wohl. […] Daß Auguste ganz heimlich Schriftstellerin geworden [ist][168], werdet Ihr wissen. Sie hat mich ungeheuer damit überrascht. – Ich muß schließen, ob ich gleich viele Fragen zu stellen hätte. Das Schreiben fällt mir auch schwer.

In der Nacht auf Sonntag, den 1. Dezember 1872 gegen 3 Uhr verstarb Albert Ludwig Grimm im 87. Lebensjahr an einem Nierenleiden. Am 2. Dezember erschienen sowohl im „Badeblatt" als der Baden-Badener Ausgabe der „Badischen Allgemeinen Zeitung", nur mit dem Namen Dr. Wilhelmi versehen[169], als auch in der Karlsruher Ausgabe der „Badischen Allgemeinen Zeitung", mit den Namen der drei Töchter und von zwei der Schwiegersöhne[170], Todesanzeigen mit dem Hinweis auf die Beerdigung am Dienstag, dem 3. Dezember, nachmittags um 3 Uhr, welche Pfarrer Hansen vornahm. – Am 6. Dezember druckten das Baden-Badener „Badeblatt" und zwei Karlsruher Zeitungen fast gleichlautende ausführliche Nekrologe zu Albert

---

168 Auguste Wilhelmi, geb. Grimm: Aus dem Lazarethe. Wahrheit und Dichtung. Karlsruhe : Macklot, 1872, 64 S. (Dies.: Die Insel Felsenburg und ihre Bewohner, Stuttgart 1876.)
169 Badeblatt 1872, Nr. 210.
170 Bad. Allg. Zeitung 1872, S. 5169; vgl. Reimers 1985, S. 33 – unerklärlicherweise ohne den Namen des Schwiegersohns Carl Philipp Dyckerhoff. Vgl. im vorigen Kap. die Anm. 123.

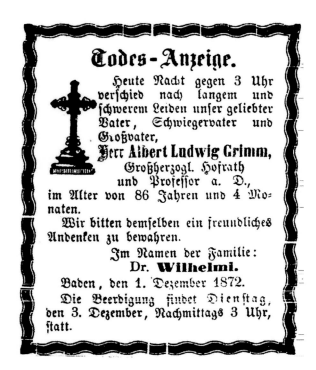

Ludwig Grimm ab[171] (nicht jedoch die Weinheimer Zeitung), welche überwiegend allgemeine Elogen sind. Gegen Ende heißt es darin: *In Politik wie in Religion wahrte er sich die Freiheit des Gewissens und der Meinung, zeigte sich aber gegen Andersdenkende immer tolerant. Er besaß zugleich einen ästhetisch fein gebildeten Geist und eine sehr lebhafte Phantasie. […] Die zahlreichen Jugendschriften und Märchenbücher, welche Grimm teils bearbeitete, teils frei erfand, waren seit einem halben Jahrhundert nicht nur die Freude und Erholung der deutschen Jugendwelt, sondern wurden auch vielfach in fremde Sprachen übersetzt.* Es folgt eine Aufzählung der „vorzüglichsten" Werke Grimms.[172]

Am 22. Dezember schrieb Schwiegersohn Wilhelmi noch einmal an Will[173] und übersandte ihm als Andenken an den Verstorbenen ein Trinkglas, das dessen Namen trug. Weiter heißt es im Brief: „Unter den Papieren fand sich noch manches Literarische, das wir näher prüfen und vielleicht herausgeben wollen." Dies geschah jedoch nicht. Und: „Für Dich muß es eine große Beruhigung sein, den Schwiegervater noch in letzter Zeit besucht zu haben, und für ihn war Deine Anwesenheit ein großer Genuß."

---

171 Badeblatt Baden-Baden (Nr. 214), Bad. Allg. Zeitung (Karlsruhe, S. 5303; vgl. Reimers 1985, S. 33–35) und Karlsruher Zeitung (Nr. 293) vom 06.12.1872. Nicht alle Angaben darin sind korrekt.
172 Teilweise unpräzise Titel, nicht chronologisch geordnet.
173 Universitätsarchiv Gießen, Nachlass Heinrich Will. Obwohl er den Freund darin duzt, unterzeichnet er seltsamerweise als „aufrichtiger Dr. Wilhelmi".

Erste und letzte Seite von Grimms Brief an Heinrich Will vom 3.6.1871

Rückblick

Albert Ludwig Grimm hatte einen schweren Start ins Leben: Als er zwei Jahre alt war, starb seine Mutter, als er vierzehn Jahre alt war, sein Vater. Auch seine Großväter starben in dieser Zeit und schließlich sein geliebter fünf Jahre älterer Bruder, als er selbst 22 Jahre alt war. Während seines langen Lebens musste er außerdem zweimal von einer sterbenden Ehefrau Abschied nehmen und überlebte er den Tod von zwei eigenen Kindern und einer Enkelin. Fast während des gesamten Ruhestands von 18 Jahren war er Witwer.

Umso wichtiger war es, dass Grimm mit 18 Jahren 1804 ein neues Zuhause bei dem Theologie- und Pädagogikprofessor Schwarz und dessen Familie und Freundeskreis in Heidelberg fand. Denn so wie einst Grimms Vater sich väterlich des Bruders von Hanna Schwarz geb. Jung angenommen hatte, so nahm sich nun Schwarz wie an Vaters Stelle des Studenten Grimm an. Dies ebnete ihm den Weg zu einem dann doch von Anerkennung und Erfolg bestimmten Leben.

Denn die lediglich zwei Jahre in Heidelberg – zunächst als Theologiestudent, wie vorher schon kurz in Tübingen, dann als Erzieher im privaten Erziehungsinstitut im Hause Schwarz – verhalfen ihm dazu, sein ganzes zukünftiges Leben auf seine Neigungen und seine Begabungen hin auszurichten und zu gründen: Weder die Theologie und das Pfarramt nämlich sollten sein persönliches und berufliches Leben bestimmen noch eine theoretisch-wissenschaftliche Pädagogik. Vielmehr wurde es ab 1806, von seinem 20. bis zu seinem 67. Lebensjahr fast ununterbrochen die praktische Erziehungs- und Unterrichtsarbeit in Weinheim an der Bergstraße, recht bald auf gehobener Ebene, so dass er 32-jährig schon zum Rektor und Professor im höheren Schulwesen aufstieg. Als Schulmann aus Neigung und Begabung prägte ihn eine unverletzliche Verlässlichkeit und Gewissenhaftigkeit.

Gleichzeitig und ebenfalls schon in Heidelberg zeigte sich sein Interesse an der Volksliteratur und seine Begabung zum Schriftsteller. So war er nicht nur als Mitarbeiter an der Volksliedersammlung „Des Knaben Wunderhorn" willkommen, sondern veröffentlichte als Zwanzigjähriger zusammen mit anderen bereits einen Literaturalmanach und 1808, vier Jahre vor den „Kinder- und Hausmärchen" der nicht mit ihm verwandten Brüder Grimm, ein Buch mit „Kindermärchen". Das überaus erfolgreiche Sammeln, Bearbeiten und Herausgeben von deutschen Volksmärchen, orientalischen Erzählungen, antiken Sagen und dergleichen mehr „für die Jugend" begleitete ihn, von wenigen Unterbrechungen abgesehen, bis an sein Lebensende.

Neben der Pädagogik und der Schriftstellerei gab es noch ein Drittes, was Grimms Leben für längere Zeit, nämlich für fast fünfzehn Jahre, prägte: die Übernahme politischer Verantwortung auf Landes- und auf Ortsebene während der Zeiten des Frühliberalismus. Zwei Wahlperioden lang, von 1825 bis 1831 und von 1831 bis 1838 war er in Karlsruhe Abgeordneter der II. Kammer für den Wahlkreis Ladenburg-Weinheim, erst gemäßigter Oppositioneller, dann konstitutionell gesinnter Liberaler. Er stand in enger Verbindung zu den großen badischen Liberalen jener Jahre und wurde wiederholt in Ausschüsse und zum Ersten Sekretär der Kammer gewählt, weil er seine Überzeugung entschieden, aber in einem moderaten, unpolemischen Ton vertrat. – Von 1829 an war Grimm zudem Bürgermeister der ihm inzwischen zur Heimat gewordenen Stadt Weinheim, und nach Einführung der neuen badischen Gemeindeordnung sogar 1831 bis 1838 Oberbürgermeister; währenddessen ruhte sein Schulamt. Doch verschiedene Konflikte wie der sogenannte Bergstraßenstreit und ein Weinheimer Schulstreit sowie die Zeitereignisse des sich radikalisierenden Liberalismus und der Badischen Revolution von 1848/49 beendeten das politische Engagement Grimms.

Nach seiner Rückkehr in den Schuldienst wandte sich Grimm erneut der Schriftstellerei zu. Sein Werk „Die malerischen und romantischen Stellen der Bergstraße, des Odenwaldes und der Neckar-Gegenden in ihrer Vorzeit und Gegenwart" (1840–1842), das er dem Großherzog widmete, brachte ihm 1843 den Titel eines Hofrats ein, ausdrücklich verliehen für seine literarischen Verdienste. Immer wieder beteiligte sich Grimm an den Leitungsgremien der evangelischen Stadtgemeinde Weinheim, gerade auch in deren konfliktgeprägten Phasen. Doch mit 67 Jahren beantragte er seine Zurruhesetzung, verkaufte nach deren Genehmigung seine umfangreichen Besitztümer, die ihm vor allem durch das Erbe seiner ersten Frau zugefallen waren, und verließ Weinheim 1854 mit seiner zweiten Frau und den drei gemeinsamen, inzwischen herangewachsenen Töchtern.

Grimm zog sich mit seiner Familie nach Baden-Baden zurück. Seine Frau starb allerdings kurz darauf, so dass er die verbleibenden 18 Jahre als Witwer in der Nähe seiner Töchter verlebte, welche jedoch mit der Zeit heirateten und eigene Familien gründeten. In dem berühmten Kurbad, der „Sommerresidenz Europas" lebte er zurückgezogen, nur verbunden mit wenigen Freunden. Doch in hohem Alter arbeitete er noch im Vorstand zweier Stiftungen mit, in der des Waisenhauses Baden-Baden-Lichtenthal und in der Deutschen Schillerstiftung. Auch der Kirchengemeinde und Kirchenversammlung seiner neuen Heimat wie dem Ortsschulrat und dem Diözesanausschuss stand er mit seinem Rat und seiner Erfahrung zur Verfügung.

Im hohen Alter von über 86 Jahren und nach zunehmenden Beschwerden ging Albert Ludwig Grimms langes, wechselvolles Leben, in dem er sich viel Anerkennung erwarb, zu Ende.

Zeittafel

Allgemeine und badische Zeitgeschichte

1789	Französische Revolution in Paris
1803	Reichsdeputationshauptschluss: die rechtsrhein. Kurpfalz wird badisch, Baden wird Kurfürstentum; Neuorganisation der Universität Heidelberg
1804 Juli	Berufung von Friedrich Heinrich Christian Schwarz zum Professor der luth. Dogmatik (u. der Pädagogik) in Heidelberg
1806	Baden wird Großherzogtum
1806–1811	Clemens Brentano u. Achim von Arnim: „Des Knaben Wunderhorn"; Heidelberger Romantikstreit
1811	Großherzog Karl Friedrich stirbt, sein Enkel Karl wird Nachfolger
1812	Brüder Grimm: „Kinder- und Hausmärchen"
1818	Badische Verfassung
1818	Großherzog Karl stirbt, sein Onkel Ludwig wird Nachfolger
1819	Eröffnung der (berufenen) I. u. der (gewählten) II. Kammer des Badischen Landtags im Karlsruher Schloss
1821	Union der Lutheraner u. Reformierten in Baden
1822	Eröffnung des neugebauten Ständehauses in Karlsruhe
1830	Großherzog Ludwig stirbt, Nachfolger: Großherzog Leopold
1831/32	Bad. Gemeindeordnung, Gesetz zur Pressefreiheit
1832	Hambacher Fest
1835	Beitritt Badens zum Deutschen Zollverein
1840	Eisenbahnlinie Mannheim – Heidelberg
1843/44	Rheintalstrecke der Bad. Staatsbahnen
1848/49	Badische Revolution
1850–1860	Reaktionszeit (Positive Ära)
1852/1856	Großherzog Leopold stirbt, Nachfolger: Friedrich I., zunächst Prinzregent, dann Großherzog
1855 ff.	Baden(-Baden): Weltbad u. „Sommerresidenz Europas"
1857–1870	weilen zu versch. Zeiten in Baden-Baden: die Dichter Tolstoj, Dostojewskij u. Turgenjew sowie Viktor Hugo; die Musiker Clara Schumann, Brahms u. Wagner; die Maler Courbet, Delacroix u. Feuerbach
1860	Beginn der liberalen „Neuen Ära"
1860–1876	Kultur- und Schulkampf
1861	neue Kirchenverfassung der evang. Landeskirche
1862	staatliche Schulaufsicht (Ortsschulräte)
1868	fakultative simultane Volksschulen
1869/70	obligatorische Zivilehe u. bürgerliche Standesregister
1870/71	Deutsch-Französischer Krieg, Kaiserproklamation in Versailles: Wilhelm I. Deutscher Kaiser

Lebensgeschichte Albert Ludwig Grimm

1786, 19.07.	geboren in Schluchtern (Kurpfalz) als Sohn des ref. Pfarrers Georg Ludwig Grimm
1788, Aug.	Tod des Mutter
1800, März	Tod des Vaters
1800–1803	Schulzeit am Pädagogium in Dallau bei Mosbach
1803–1804	Theologiestudium in Tübingen
1804–1806	Theologiestudium in Heidelberg, Anschluss als Erzieher im Hause Schwarz, Hilfsdienste für die Heidelberger Romantiker, Kontakt zu den Söhnen von Joh. Heinrich Voß
1806	Rektor einer Trivialschule in Weinheim
1808/09	Veröffentlichung seiner „Kindermährchen"; zeitlebens Autor von Kinder- u. Jugendbüchern
1812	Rektor u. Professor der Lateinschule in Weinheim
1818	Heirat mit Auguste verw. Falk geb. Baronin von Wallbrunn (†1832)
1820 u. 1822	Geburt einer Tochter u. eines Sohns, die früh sterben
1825–1831 u. 1831–1837	gewählter Abgeordneter der II. Kammer für den Wahlkreis Ladenburg-Weinheim (erst gemäßigter Oppositioneller, dann konstitutionell gesinnter Liberaler)
1828 u. 1831	1. Sekretär der II. Kammer
1829–1831	Bürgermeister u. 1831–1838 Oberbürgermeister von Weinheim (in dieser Zeit ruht sein Amt als Schulrektor)
1831/32	Herausgeber des „Landtagsblatts"
1832	„Fest der Pressefreiheit" in Weinheim
1833	Heirat mit Friederike geb. Schneider (†1854)
1835, 1837 u. 1840	Geburt von drei Töchtern
1838–1841	Bergstraßen-Streit u. Schulstreit in Weinheim
1843	Verleihung des Titels eines Hofrats (für seine Verdienste als Schriftsteller)
1848/49	Revolutionäre in Weinheim; passive Haltung Grimms (trotz seines ehemaligen Schülers Georg Friedrich Schlatter)
1853	Zurruhesetzung, Verkauf aller Besitztümer in Weinheim
1854–1872	Ruhestand in Baden(-Baden)
1854 (Dez.)	Tod der (2.) Ehefrau
1854–1872	Grimm: Vorstandsmitglied des Waisenhauses Baden-Baden-Lichtenthal; zeitweise Mitglied des evang. Kirchengemeinderats (?) u. der Kirchengemeindeversammlung (1855–1876 Erbauung der Evang. Stadtkirche Baden-Baden, 1864 eingeweiht, aus Geldmangel noch ohne Türme), Mitglied der evang. Diözesansynode (?) u. des Synodalausschusses und des evang. Ortsschulrats; Vorstandsmitglied des bad. Zweigvereins der Deutschen Schillerstiftung
1856, 1858 u. 1869	heiraten die drei Töchter; bis 1869 wohnt Grimm mit der jüngsten Tochter Luise zusammen, dann bei seiner verheirateten ältesten Tochter Auguste Wilhelmi
1872, 01.12.	verstorben im Alter von 86 Jahren

Chronik

Herkunft und Ausbildung (1786–1804)

1786, 19.07.	geb. in Schluchtern in der Diözese (= im Dekanat) Eppingen (damals kurpfälzisch, bei Heilbronn/Württ.) als 2. Sohn des ref. Pfarrers Georg Ludwig Grimm (1750–1800; zuvor 1780–1786 Rektor der Lateinschule in Weinheim) und der Pfarrerstochter Johanna Elisabetha geb. Joseph aus Dallau (Diözese Mosbach, †1788), getauft am 21. Juli durch den luth. Pfarrer von Schluchtern Georg Adam Georgy in der ref. Kirche, Taufpaten: Albert Samuel Joseph (Bruder der Mutter, *1755, damals Rektor des Pädagogium in Mosbach) und Johannes Grimm (Bruder des Vaters, * 1767, damals Rektor des Pädagogiums in Gemarke bei Elberfeld)
1803/04	Theologiestudium in Tübingen

In Heidelberg, der Stadt der Romantiker – Prägungen fürs Leben (1804–1806)

1804, Herbst– 1806	Theologiestudium in Heidelberg, wohnt beim „Schaffner [=Verwalter] Hepp im Kaltenthal" [zwischen Schloss u. Hauptstraße, heute: Karlstraße], studiert bes. bei Prof. Friedrich Heinrich Christian Schwarz, gleichzeitig in dessen privatem Erziehungsinstitut (Paedagogium) einer der Hauslehrer, so dass die Familie Schwarz dem elternlosen Studenten zur Heimat wird; außerdem auf Wanderungen tätig als Materialsammler für die Heidelberger Romantiker Clemens Brentano und Achim von Arnim zu deren Liedersammlung „Des Knaben Wunderhorn" und eingeführt bei der Dichterin u. Pädagogin Caroline Rudolphi in deren Mädchen-Erziehungsinstitut, Freundschaft mit den Söhnen Heinrich u. Abraham von Johann Heinrich Voß sowie mit Heinrich Wilhelmi (1786–1860, ab 1828 Direktor des Gymnasiums Heidelberg, ab 1853 wie Grimm im Ruhestand in Baden-Baden, Vater von dessen Schwiegersohn Dr. Karl Wilhelmi – siehe unten)

In Weinheim:
Schulleiterstellen, erste Buchveröffentlichungen und Familiengründung (1806–1825)

1806– (1829)	Sept. 1806 (zunächst provisorisch) Rektor einer „Musterschule" in Weinheim, 1807 nachgeholtes theol. Examen, 1808–1812 zugleich Diakonus, 1812–1829 Professor und Rektor der vereinigten luth. u. ref. Lateinschule, 1812 u. 1814 (abgelehnte) Berufungen als Rektor ins außerbad. „Ausland"; (1829 Bürgermeister in Weinheim, s.u.) – 1812–1818 war der spätere Pfarrer u. Revolutionär Georg Friedrich Schlatter Grimms Schüler. – 1813–1816 und 1818–1823 war der Schwarz-Sohn Dr. phil. (1816) *Wilhelm* Heinrich Elias Schwarz erst Diakonus [2. Pfarrer mit Schulverpflichtungen, auch an der Lateinschule] u. dann (bis 1821 luth.) Pfarrer in Weinheim
1808, 23.10.	Unglückstod des Bruders *Carl* Friedrich (*04.10.1781, zuletzt Gymnasiallehrer, ledig) in Heidelberg, beerdigt 25.10.1808 in Weinheim
1809	(Datum des Vorworts: Sept.1808) 1. Buchveröffentlichung: „Kindermährchen", im Verlag der Heidelberger Romantiker Mohr & Zimmer o.J. [1809]; zahlreiche weitere Veröffentlichungen, bes. Kinderbücher (siehe Bibliographie), jedoch keinerlei theoretische (etwa päd. oder polit.) Veröffentlichungen
1818, 25.08.	∞ 1. Frau: *Auguste* Wilhelmine verw. Falk (vermögende Arztwitwe) geb. Baronin von Wallbrunn, *1777, (also 9 Jahre älter als Grimm; aus altem Reichsrittergeschlecht u. markgräfl. baden-durlachischer Beamtenfamilie, (lt. Lina Schwarz), Freundin von Hanna Schwarz geb. Jung, der Frau von Prof. Schwarz; getraut von deren Sohn Stadtpfarrer Dr. Wilhelm Schwarz in Bauschlott bei Pforzheim, der Heimat von Auguste Falk, †1832, 28.07.

1820, 17.01.	Geburt des 1. Kindes. Auguste Albertine (†1822), getauft von Wilhelm Schwarz
1822, 05.09.	Geburt des Sohnes Karl Ludwig (†1838), getauft von Wilhelm Schwarz

In Karlsruhe und Weinheim:
politisches Wirken im Landtag und als Bürgermeister, neues Familienleben
(1825–1838)

1825– 1837	zweimal (1825 und 1831) gewählter Abgeordneter des 35. Amtswahlkreises Ladenburg-Weinheim für die II. Kammer der Ständeversammlung (Badischer Landtag) in Karlsruhe; 1825–1831 Mitglied u. Sekretär der Petitionskommission, freisinniger Liberaler; 1828 u. 1831 Erster Sekretär der II. Kammer; gemäßigter Oppositioneller (konstitutionell gesinnter Liberaler), 1831/32 Redakteur des von ihm hrsg. „Landtagsblatts", Verbindung und später Distanz zu anderen zunehmend regierungskritischen „Kammer-Liberalen": von Itzstein, Rettig, von Rotteck u. Welcker; Übereinstimmung mit von Wessenberg in der Ersten Kammer u. dem Regierungsvertreter, Minister Ludwig Winter. (Auf Grimm folgte als Wahlkreisabgeordneter 1838 der entschiedene Liberale Karl Theodor Welcker aus Freiburg, 1843 der spätere Revolutionär von 1848/49 Friedrich Hecker aus Mannheim.)
1829– 1838	Bürgermeister (1829–1831) und Oberbürgermeister (1831–1838) in Weinheim; in dieser Zeit ruht sein Amt als Schulrektor, nicht jedoch sein Landtagsmandat
1832	1. April (vor dem Hambacher Fest am 27. Mai): großes überregionales „Fest der Pressefreiheit" in Weinheim wegen Einführung der Pressefreiheit in Baden, welche jedoch bald darauf wieder aufgehoben wurde. – 28.07. Tod der 1. Frau Auguste geb. Baronin von Wallbrunn
1833	Kauf eines Teils des ehemal. Kurfürstlichen Schlosses in Weinheim (mit Mitteln des Wallbrunnschen Erbes)
1833, 08.12.	∞ 2. Frau: Friederike Philippine geb. Schneider (Pflegerin der 1. Frau Grimms, *1801) (getraut durch Stadtpfarrer Johann Ludwig Külp (1764–1849, Pfarrer in Weinheim 1794–1839); †1854
1833/34– 1838	Bergstraßen-Streit
1835, 1837, 1840	Geburt der 3 Töchter: Auguste, Charlotte und Louise

In Weinheim:
erneuter Schuldienst und Schulstreit, neue Schriftstellerei und die Jahre der Revolution
1848/49, Engagement in der evangelischen Stadtgemeinde und Abschied von Weinheim
(1839–1853)

1839– 1853	(nach 10 Jahren) Wiederbeginn des Schuldienstes: Direktor der Höheren Bürgerschule (ein Lyzeum)
1839– 1841	Schulstreit / das Bendersche Erziehungsinstitut
1841– 1842	„Die malerischen und romantischen Stellen der Bergstraße, des Odenwaldes und der Neckar-Gegenden in ihrer Vorzeit und Gegenwart, geschildert von A. L. Grimm"

1843, 22.06.	Verleihung des Titels eines Hofrats (in Anerkennung seiner Verdienste als Schriftsteller)
1848/49	Während der Badischen Revolution passive Haltung, obwohl Weinheim von der Revolution geprägt wurde (v.a. Anschlag auf die Eisenbahn Sept. 1848, Gründung eines Volksvereins Frühj. 1849, Flugblätter Juni 1849; Jakob Weisbrod, Friedrich Härter; unter den Revolutionären der Region auch Grimms ehemal. Schüler Gg. Friedr. Schlatter, Pfarrer in Mühlbach bei Eppingen, geb. u. gest. in Weinheim, Hinweistafel an seinem Geburtshaus Gerbergasse 14).
1850– 1853	Verwaltung der Güter; Freundschaften (Lambert Baron von Babo); dankbare Schüler (Finck, Schütz, Will – s.u.)
(1839 u.) 1852/53	Engagement in der evang. Stadtgemeinde: 1839 unter Stadtpfarrer Joh. Ludw. Hörner, 1852/53 gegen Konsistorialrat a.D. Ed. von Bahder
1853, 25.11.	Zuruhesetzung – Verkauf aller Besitztümer in Weinheim

In Baden-Baden:
Leben als Witwer und die Familien der Töchter,
soziales und kirchliches Engagement (1854–1869)

(Die Stadt Baden-Baden heißt – zur Unterscheidung von Baden bei Wien und Baden in der Schweiz – erst seit 1931 offiziell Baden-Baden, vorher nur: Stadt Baden oder auch: Baden in Baden.)

1854– 1872	April: Ruhestand des Witwers in Baden-Baden mit seinen drei Töchtern; Grimms 2. Frau starb am 09.12.1854 in Baden-Baden, beerd. 12.12.1854 durch Pfarrer *Karl* Friedrich Stolz (1806–1877, Pfr. in Baden-Baden 1851–1858, auf Veranlassung des Großherzogs Friedrich I. wegen mangelnder Eignung als Pfarrer des „Weltbads" Baden-Baden zur Aufgabe des Pfarramts gedrängt und in die südbad. Landgemeinde Wolfenweiler versetzt); Nachfolger: *Adolf* Magnus Hansen (1819–1905), Pfr. in Baden-Baden 1859–1878) Grimm ging einerseits zur Kurierung seiner angegriffenen Gesundheit nach Baden-Baden, andererseits folgte er seinem alten Studienfreund Heinrich Wilhelmi (seit 1853 in Baden-Baden, †1860), der 1858 Schwiegervater seiner ältesten Tochter u. 1859 Pate seines ersten Enkelkindes wurde (s.u.). wohnhaft 1854–69 in seinem käuflich erworbenen herrschaftlichem Haus Nr. 191 in der Unteren Hardtgasse (heute: Merkurstraße), nach der Heirat der jüngsten Tochter ab 1869 im Haus der Eheleute Dr. Wilhelmi in Haus Nr. 31 in der Sophienstraße (heute ebenso); Mitglied des Vorstands des Waisenhauses Baden-Baden-Lichtenthal (gestiftet 1834 durch Großherzog Leopold mit Mitteln der Stulzschen Stiftung, eingerichtet im ehemal. Amtshaus des Klosters Lichtenthal), zeitweise Mitglied des evang. Kirchengemeinderats u. der Kirchengemeindeversammlung, der evang. Diözesansynode u. des Synodalausschusses und des evang. Ortsschulrats
1856– 1869	Eheschließungen der 3 Töchter: *Auguste* Amalie, geb. 07.11.1835, gest. 18.08.1877, 1856 Ehefrau des Bezirksarztes u. späteren Medizinalrats Dr. *Karl* Friedrich Wilhelmi (1814–1877) / 2.) *Charlotte* Eleonore, geb. 07.03.1837, gest. 1923, 1858 Ehefrau des Architekten u. späteren Hofbaumeisters Karl Philipp Dyckerhoff (1825–1893) [1872 geschieden?, s. Todesanzeige Grimms] / 3.) Amalie Anna *Louise*, geb. 28.12.1840, 1869 Ehefrau des Premierlieutenants u. späteren Generalleutnants *Wilhelm* Ludw. Heinr. Frhr. von Schilling von Cannstatt (1841–1910) – Enkelkinder
1855– 1864	Erbauung der Evang. Stadtkirche Baden-Baden nach den Plänen des Karlsruher Prof. Friedrich Eisenlohr (1805–1855), 1855 Grundsteinlegung, 1864 Einweihung, aus Geldmangel noch ohne Türme

Chronik 87

1858– 1869	Grimms Engagement in der Evang. Kirchengemeinde, in der Diözese, im Ortsschulrat; 1863 ff. Schwiegersohn Wilhelmi KGRat (Baden-Baden hatte bis 1832 nur eine kleine evang. Diasporagemeinde ohne eigenen Pfarrer und wurde von Gernsbach im Murgtal aus versorgt; 1859 ca. 800 evang. Einheimische unter ca. 7500 Einwohnern)

In Baden-Baden:
die letzten Jahre: Altersschriften, Deutsch-Französischer Krieg und Lebensende (1859–1872)

Baden-Baden, seit fast zwei Jahrtausenden Bade- u. Kurort, war in der 2. Hälfte des 19. Jahrhunderts eine Art europäische Sommerresidenz des hohen u. niederen Adels mit Spielkasino (seit 1855, 1872 wurde das Glücksspiel wieder mal verboten) u. zugleich eine Kulturstadt mit eigenem Theater (seit 1862), die gerade in diesen Jahren viele Dichter, Musiker u. Künstler anzog: besonders die Russen Leo Tolstoj (1857 u. 1860/61), Fjodor Dostojewskij (1863/64 u. 1867) u. Iwan Turgenjew (1863–1872); außerdem Viktor Hugo (1865), Mark Twain u. Honoré de Balzac; Clara Schumann (1862–1867, jl. Konzerte, u.ö.), Johannes Brahms (1864 u.ö.) u. Richard Wagner (1865); Gustave Courbet (1858/59 u. 1869/70), Eugène Delacroix (um 1860) u. Anselm Feuerbach (1861–1864). – Seit 1858 internationale Pferderennen in Iffezheim bei Baden-Baden. 1860 Fürstenkongress in Baden-Baden zur Beilegung des Konfliktes zwischen Frankreich u. Österreich, auf Einladung des preuß. Prinzregenten Wilhelm, welcher fortan jährlich zur Kur kam (König von Preußen seit 2. Jan. 1861, Deutscher Kaiser Wilhelm I. seit 18. Jan. 1871), unter den Teilnehmern Kaiser Napoleon III.

1867– 1871	erneute schriftstellerische Tätigkeit und Neuauflagen älterer Werke
1859	Mitglied im Vorstand des bad. Zweigvereins der Deutschen Schiller-Stiftung (Heidelberg mit Mannheim u. Karlsruhe)
1868– 1872	6 Briefe an den ehemal. Schüler Prof. Heinrich Will in Gießen (Chemiker) (Inhalt meist familiär)
1869, 01.07.	Heirat der jüngsten Tochter und Grimms Umzug innerhalb Baden-Badens
1870– 1871	Deutsch-Französischer Krieg: Militärdienst und Lazarettdienst der Schwiegersöhne und der Tochter Auguste
1872, 01.12.	gest. in Baden-Baden an einem Nierenleiden, dort beerdigt am 03.12.1872 durch Pfarrer Adolf Hansen

Quellen und Literatur*

Ungedruckte Quellen

Karlsruhe, Generallandesarchiv (GLA): Personalakten von A. L. Grimm (GLA 76/2977), C. Dyckerhoff (GLA 466/6804) u. W. von Schilling (GLA 238/1281; vgl. GLA 59/42 u. 59/634), K. F. Stolz (GLA 76/7693); Schulverhältnisse in Weinheim: GLA 233/19086, 233/33280, 233/33289; Evang. Kirchengemeinde Baden[-Baden]: 76/8622–8624; 466/6804; 435/79

Karlsruhe, Landeskirchliches Archiv (LKA): Schulverhältnisse in Weinheim in den Jahren 1806–1841: SpA 12961, 12964, 12965; Akten der Evang. Kirchengemeinden Weinheim: SpA 12938, 12939, 12941, 12945, 12947, 12948, 12965; Akten der Rettungsanstalt Weinheim: SpA 14584, 18443; Personalakten 2.0.22: G. F. Wolf (PA 6971) und E. v. Bahder (2.0.22); Akten der Evang. Kirchengemeinde Baden(-Baden) u. der Diözese (= des Kirchenbezirks) Karlsruhe Stadt in den Jahren 1754–1872, einschl. Schulaufsicht, Almosenfond, Visitationen: SpA 263; 267/I; 269/I; 271; 286; 13802; 14523/2; 17453; 18123; verschiedene Kirchenbücher (Tauf-, Trau- u. Beerdigtenregister)

Karlsruhe, Stadtarchiv: verschiedene Bildvorlagen

Weinheim, Stadtarchiv: Briefe Grimms, Briefe von Schülern Grimms, verschiedene Bildvorlagen

Baden-Baden, Stadtarchiv: Personenstandsverzeichnisse, Adressbücher, hist. Stadtpläne, Akten des Waisenhauses Lichtenthal, zwei Bildvorlagen

Baden-Baden, Evang. Kirchengemeinde: drei Bildvorlagen

Gießen, Universitätsarchiv: Nachlass Heinrich Will: 6 Briefe Grimms aus den Jahren 1868–1872 an dessen Pflegesohn und Freund Heinrich Will (1812–1890), Professor der Chemie in Gießen

Schriften Albert Ludwig Grimms (chronologisch)

Selbstständige Veröffentlichungen in Auswahl, Neuauflagen in Auswahl (Unselbstständige Veröffentlichungen nennt Allgayer 1931 auf S. 139 f.; Übersetzungen in 12 europäische Sprachen nennt Reimers 1985 auf S. 267–275 u. S. 380–391.)

1806 Persephone, ein Jahrbuch auf 1806, hrsg. von Albert Ludewig Grimm u. Albert Ludewig Danquard, Frankfurt am Main: J.C.Mohr (in Komm.) 1806 (Almanach, Gedichte)

1808 [1809] Kindermährchen, mit [7] Kupfern, Heidelberg: Mohr & Zimmer o.J. (Vorw.: „im Herbstmonat" = Sept. 1808), 208 S. – 2., verm. u. verb. Aufl. 1817; 6. Aufl. 1869 – Faksimilereprint der Erstausgabe: Hildesheim 1992, mit einem Nachwort und Kommentaren von Ernst Schade (s.a. unter: Literatur zu A. L. Grimm)

1811 Davids Erhöhung, Schauspiel in 5 Akten, Carlsruhe: Macklot 1811, VIII, 248 S.

---

* Manche Informationen wurden dem Internet entnommen, ohne dass dies jedes Mal angegeben wird. Vereinzelt werden Quellen-, oder Literaturnachweise nur in den Fußnoten gegeben.

1816 Lina's Mährchenbuch. Eine Weihnachtsgabe, 2 Bde., Frankfurt a.M. 1816, mit Kupferstichen – 2. Aufl. 1837
1817 Das Dank- und Aerntefest am 28sten Sept. 1817. Gesänge für die Schuljugend der reform. Stadtgemeine zu Weinheim. Weinheim: Kaufmann 1817, 4 Bl. (im Hungerjahr 1817)
1817 Geschichten aus der heiligen Schrift, für Knaben und Mädchen erzählt, 2 Bde. (Altes Testament, Neues Testament), Heidelberg: Joseph Engelmann 1817, mit 120 Holzschnitten – Neue Ausgabe Koblenz 1827
1820 Mährchen der Tausend und Eine Nacht, Frankfurt a.M. 1820 – 9. Aufl. Leipzig 1889 – 12. [letzte] Aufl. 1911
1820–1826 Mährchen-Bibliothek für Kinder. Aus den Mährchen aller Zeiten und Völker, 7 Bde., Frankfurt a.M. 1820–1826, mit Kupferstichen (= 5 Bde. Mährchen der Tausend und Einen Nacht; 2 Bde. Mährchen der alten Griechen und Römer – s. a. unter 1824–1826) – 5 Auflagen bis 1882, 12. Aufl. 1921
1822 Vorzeit und Gegenwart an der Bergstraße, dem Neckar und im Odenwald – Erinnerungsblätter für Freunde dieser Gegenden, mit 35 Kupferstichen, Darmstadt 1822, VI, 470 S. – 2., verb. u. verm. Aufl. 1828 – Faksimilereprint der Erstausgabe: Weinheim 1996, mit einem Nachwort von Heinz Keller
1824–1826 Mährchen der alten Griechen und Römer für Kinder, 2 Bde., Frankfurt a.M. 1824–1826, mit Kupferstichen (= Bd. 6 u. 7 der Mährchen-Bibliothek) – 2., verb. u. verm. Aufl., 4 Bde., Grimma 1839–1844 – 3. Aufl. 1865 u.d.T.: Sagen und Mährchen aus der Heroenzeit der Griechen und Römer
1827 Fabel-Bibliothek für die Jugend, 3 Bde., Frankfurt a.M. – Neuausgabe Grimma 1836/37
seit 1827 (bis 2008) fremdsprachige Editionen von Kinderbüchern Grimms: zahlreiche Übersetzungen in 12 europäische Sprachen: Englisch, Niederländisch, Französisch, Ungarisch, Polnisch, Russisch, Litauisch, Bulgarisch, Tschechisch, Slowakisch, Schwedisch und Norwegisch
1834 Bunte Bilder aus der Feen- und Mährchenwelt der Tausend und Einen Nacht, Grimma 1834, mit Kupferstichen
1840–1842 Die malerischen und romantischen Stellen der Bergstraße, des Odenwaldes und der Neckar-Gegenden in ihrer Vorzeit und Gegenwart, geschildert von A. L. Grimm. Mit 40 Ansichten, e. Panorama u. e. Karte oben genannter Gegenden. Darmstadt: Leske o. J. [1840–1842] und Frankfurt am Main [ca. 1850], 341 S. 4°
1843 Märchen aus dem Morgenlande, Hamburg 1843, mit Kupferstichen
1867 Deutsche Sagen und Märchen, für die Jugend bearb., Leipzig 1867 – 4. Aufl. Leipzig 1886
1868 Musäus' Volksmährchen der Deutschen, für die Jugend bearb., Leipzig 1868, mit 6 farb. Bildern
1869 Mährchen der Tausend und Ein Tages, für die Jugend bearb., Leipzig 1869 (persische Märchen)
1870 Hauff's Mährchen, für die Jugend durchges., Leipzig 1870
1871 Mährchenbuch. Eine Weihnachtsgabe für die Jugend, Leipzig 1871

Weitere gedruckte Quellen (alphabetisch)

Arnim, L. Achim von / Brentano, Clemens: Des Knaben Wunderhorn. Alte deutsche Lieder, Heidelberg: Mohr & Zimmer; Frankfurt a.M.: J. C. B. Mohr 1806 [Sept. 1805]

Arnim, Achim von, und Clemens Brentano: Freundschaftsbriefe. Vollst., krit. Edition von Hartweg Schultz. I: 1801 bis 1806, II: 1807 bis 1829, Erläuterungen, Personenregister. Frankfurt am Main 1998 (durchpaginiert)

Frankfurter Brentano-Ausgabe. Clemens: Brentano: Sämtliche Werke und Briefe. Hist.-krit. Ausgabe, hrsg. von Jürgen Behrens u.a. Stuttgart 1975 ff.

Grimm, Albert Ludwig: verschiedene Briefe u. andere Manuskripte abgedruckt in der Diss. Reimers 1985, Anhang = S. 295–343

Jung-Stilling, Johann Heinrich: Lebensgeschichte, Vollst. Ausgabe, mit Anmerkungen hrsg. von Gustav Adolf Benrath, Darmstadt 1976 (2. Aufl. 1984, 3. Aufl. 1992), XXXI, 784 S., Abb. [Autobiographie Teil 1–6, mit Beigaben, heute maßgebl. Ausgabe] (=Jung-Stilling, Lebensgeschichte)

Jung-Stilling, Johann Heinrich: Briefe. Ausgew. u. hrsg. von Gerhard Schwinge. Gießen, Basel 2002. 637 S.

Landtagsblatt : Mittheilungen aus den Verhandlungen der Stände des Großherzogthums Baden im Jahre ... 1831, 22.3.–1832, 14.7., hrsg. von A. L. Grimm (1833–1846 [?]: u.d.T.: Landtags-Zeitung, hrsg. von Johann Georg Duttlinger)

Neu, Heinrich: Pfarrerbuch der evangelischen Kirche Badens von der Reformation bis zur Gegenwart. Teil I: Das Verzeichnis der Geistlichen, geordnet nach Gemeinden. Teil II: Das alphabet. Verzeichnis der Geistlichen mit biograph. Angaben. (Veröffentlichungen des Vereins für Kirchengeschichte in der evang. Landeskirche Badens XIII) Lahr 1938–1939

Schwarz, Lina [Caroline, jüngste, ledige Tochter von F. H. C. Schwarz]: Erinnerungen aus mündlichen Mittheilungen meiner Eltern Schwarz, Heidelberg 1863, 154 S. (Im Abstand von fast vier Jahrzehnten aufgeschriebene Erinnerungen an das Leben ihrer Eltern, also von ca. 1792 bis zum Tode der Mutter 1826, in Datierungen unsicher, wie es im Vorwort heißt.) – Fotonegativ-Nachdruck 1932 nach dem ursprüngl. Manuskriptdruck

Verhandlungen der Stände-Versammlung des Großherzogtums Baden vom Landtag ... – Hauptrepertorium über die wichtigeren Gegenstände der Verhandlungen beider Kammern der Landstände an den Landtagen ... (wechselnde Verlagsorte) 1819 ff. – Protokolle der Zweiten Kammer 1825 ff. Karlsruhe 1825 ff.

Literatur zu Albert Ludwig Grimm (chronologisch)

(Weitere Primär- und ältere Sekundärliteratur nennen die Dissertationen von 1931 und 1985.)

1843 Universal-Lexikon vom Großherzogthum Baden, 1843, Sp. 575 (Setzfehler, = 475)

1872 Todesanzeigen im Badeblatt Baden-Baden (Nr. 210) und in der Bad. Allg. Zeitung (Karlsruhe, S. 5169) vom 02.12.1872; Nekrologe im Badeblatt Baden-Baden (Nr. 214), in der Bad. Allg. Zeitung (Karlsruhe, S. 5303) und in der Karlsruher Zeitung (Nr. 293) vom 06.12.1872

1875 Weech, Friedrich von: Albert Ludwig Grimm, in: Badische Biographien, Bd. 1, Heidelberg 1875, S. 321
1898 Goedeke, Karl: Albert Ludwig Grimm, in: ders., Grundriß zur Geschichte der deutschen Dichtung aus den Quellen. 2., ganz neu bearb. Aufl. fortgef. von Edmund Goetze, Bd. 6, Leipzig [u.a.] 1898, S. 479 f.
1922 Künzig, Johannes: Das Volkslied in Baden einst und jetzt. Ms.-Diss. Heidelberg 1922, S. 13–15
1931 Allgayer, Gustav: Albert Ludwig Grimm. Sein Leben, sein öffentliches und literarisches Wirken. Inaugural-Dissertation ... Heidelberg, gedr. Heidelberg 1931, XII, 145 S., 1 Abb. [Schwerpunkt: Grimm als Parlamentarier; Quellen- und Literaturangaben: S. 139–143]
1932 Schewe, H[arry]: Neue Wege zu den Quellen des Wunderhorns, in: Jahrbuch der Volksliedforschung 3 (1932), 129–131
1969 Schilling Heinz: Albert Ludwig Grimm (1786–1872), der Romantiker der Bergstraße und des Odenwaldes, in: Der Odenwald 16 (1969), S. 3–7
1978 Behrens, Jürgen: Grimm, Albert Ludwig (1786–1872), in: Clemens Brentano, Sämtliche Werke und Briefe (Frankfurter Brentano-Ausgabe), Bd. 9,3, Stuttgart 1978, S. 810 f.
1984 Bender, Helmut: Albert Ludwig Grimm, in: ders., Badisches Kaleidoskop, Freiburg 1984, S. 71–74
1985 Reimers, Erich: Albert Ludwig Grimm (1786–1872), Leben und Werk. Inaugural-Dissertation ... Wuppertal, Wuppertal 1985, 394 S., Abb. [Schwerpunkt: Grimm als Kinder- und Jugendschriftsteller; Quellen- u. Literaturverzeichnisse: S. 350–391]
1988 Roelleke, Heinz: Grimm, Albert Ludwig, in: Enzyklopädie des Märchens, Bd. 6, Berlin 1990, Sp. 167–169
1992 Schade, Ernst: Nachwort und Kommentare zum Faksimilereprint der „Kindermährchen" von 1808/09, Hildesheim 1992 (u.d.T.: Kindermärchen), S. 209*–296*
1994 Fertig, Ludwig: Albert Ludwig Grimm, in: ders., Deutscher Südwesten, Darmstadt 1994, S. 106–111
1998 Art. Albert Ludwig Grimm, in: Handbuch zur Kinder- und Jugendliteratur / HKJL, [Bd. 4:] Von 1800 bis 1850, von Otto Brunken, Bettina Hurrelmann u.a., Stuttgart u. Weimar 1998, Sp. 1363–1368: Kurzbiographie u. Bibliographie = Werkebeschreibungen; außerdem ebd. Sp. 835–848 Bettina Hurrelmann zu Grimms Kindermährchen, Heidelberg 1809

Weitere Literatur (alphabetisch)

Das badische Ständehaus in Karlsruhe. Eine Dokumentation über das erste deutsche Parlamentsgebäude. Hrsg. von Udo Theobald. Karlsruhe 1988, 143 S., Abb.
Die Badische Verfassung von 1818. Südwestdeutschland auf dem Weg zur Demokratie. Hrsg. vom Haus der Geschichte Baden-Württemberg u. dem Stadtarchiv Karlsruhe durch Ernst Otto Bräunche u. Thomas Schnabel. Heidelberg – Ubstadt-Weiher – Basel 1996, 80 S., Abb.
Carlebach, Albert: Joseph Engelmann, Buchdrucker u. Verlagsbuchhändler in Heidelberg, „der Drucker der Heidelberger Romantik", 1807–1828. Heidelberg [ca. 1925], 27 S., 2 Abb.
Fuss, Margot: Baden-Baden – Kaiser und Könige ..., Baden-Baden 1994, 279 S. (S. 161–165: zur Entstehung der Evang. Stadtkirche)

Grau, Ute / Guttmann, Barbara: Weinheim. Geschichte einer Stadt. Weinheim 2008, 635 S., zahlr. Abb., 4° (wenig zu A. L. Grimm, überhaupt fast keine biograph. Informationen, keine Erwähnung von Wilhelm Schwarz u. Dr. med. Falk)

Gutjahr, Rainer: Die Republik ist unser Glück. Weinheim in der Revolution von 1848/49. Weinheim 1987 (Weinheimer Geschichtsblatt Nr. 32), 323 S., Abb.

Hurrelmann, Bettina: Stand und Aussichten der historischen Kinder- und Jugendliteraturforschung, in: Internat. Archiv für Sozialgeschichte der deutschen Literatur 17 (1992), H. 1, S. 105–142

Kicherer, Dagmar: Kleine Geschichte der Stadt Baden-Baden, Karlsruhe 2008, 188 S., Abb.

Löser, Johann: Geschichte der Stadt Baden von den ältesten Zeiten bis auf die Gegenwart, Baden-Baden 1891, VIII, 571 (S. 484–487: zur Von-Stulzschen Waisenanstalt zu Lichtenthal; S. 490: zur Entstehung der Evang. Stadtkirche)

Pflaesterer, Philipp: Weinheimer Rathäuser. Von der Kloster-Schreibstube zum Rathaus im Berckheimschen Schloß, Weinheim 1952/53 (Weinheimer Geschichtsblatt Nr. 22), 95 S., Abb.

Schlechter, Armin: Die Romantik in Heidelberg. Brentano, Arnim und Görres am Neckar. Heidelberg 2007, 200 S., 27 Abb.

Schwinge, Gerhard: „freundlich und ernst". Friedrich Heinrich Christian Schwarz, Theologieprofessor und Pädagoge in Heidelberg 1804 – 1837 und die Heidelberger Gesellschaft seiner Zeit. Heidelberg – Ubstadt-Weiher – Basel 2007, 96 S., 38 Abb. (Archiv und Museum der Universität Heidelberg, Schriften 11).

Schwinge, Gerhard: Jung-Stilling als Erbauungsschriftsteller der Erweckung. Eine literatur- und frömmigkeitsgeschichtliche Untersuchung seiner periodischen Schriften und ihre Umfelds. Göttingen 1994. 372 S., 1 Abb. (Arbeiten zur Geschichte des Pietismus, 32)

Schwinge, Gerhard: Zur Neuorganisation der Universität Heidelberg vor 200 Jahren und zum Einfluss des ebenfalls 1803 nach Baden berufenen Jung-Stilling in den Jahren 1803–1805, in: Zeitschrift für die Geschichte des Oberrheins 151 (2003), S. 415–442

Weiß, John G.: Geschichte der Stadt Weinheim an der Bergstraße, Weinheim 1911, VII, 687 S., Abb.

Zinkgräf, Karl: Freiherr Lambert v. Babo und sein Denkmal in Weinheim a. d. Bergstraße, Weinheim 1912, 23 S., Abb.

Zinkgräf, Karl: Ein Stück Weinheimer Kirchen- u. Heimat-Geschichte, Weinheim 1932, VIII, 125 S. (Zur evang. Ortsgeschichte von der Reformation bis zur Union 1821/22; S. 87–125 Anhang: Kurzbiographien aller Geistlichen bis 1932 u. statist. Übersicht über die Kirchenbücher-Verzeichnisse; Situation u. Konflikte in den beiden Kirchengemeinden werden nicht behandelt)

Erst nach Abschluss des Manuskripts wurde ich auf zwei neuere Veröffentlichungen aufmerksam:

Becht, Hans-Peter: Badischer Parlamentarismus 1819 bis 1870. Ein deutsches Parlament zwischen Reform und Revolution. Düsseldorf 2009, 933 S. (Handbuch zur Geschichte des deutschen Parlamentarismus. – Zugl.: Habil.-Schrift Universität Stuttgart 2009) – Zu Grimm dort v. a. S. 366 u. 369–371 (zur Opposition von 1825 gegen eine Verfassungsänderung u. gegen Petitionen), S. 185 f. (zu Grimms „Landtagsblatt" 1831/32) und S. 430 (zu Grimms Votum für den Anschluss Badens an den Zollvereins)

Eggert, Helene: Pioniere der Reformpädagogik. Die Bender'sche Erziehungsanstalt für Knaben in Weinheim an der Bergstraße (1829–1918), Frankfurt am Main 2006, 322 S., graph. Darst. (zugl. Diss. Päd. Hochschule Heidelberg 2006) – Darin zur Auseinandersetzung Bender – Grimm.

Bildnachweise

Umschlag: Stadtarchiv Weinheim: Rep. 32 Nr. 228
Frontispiz: Stadtarchiv Weinheim: Rep. 32 Nr. 1052

Seite 11: Entwurf: G. Schwinge
Seite 14: aquarellierte Federzeichnung von Peter Friedrich de Walpergen (Heidelberg), Kurpfälzisches Museum Heidelberg: Inv.-Nr. Z 2142
Seite 16: Ölgemälde, vermutlich von dem Heidelberger Maler Jakob Wilhelm Christian Roux, in Familienbesitz in Basel, Aufnahme: G. Schwinge
Seite18/19: Lithographie von G. Schneider (Mannheim) nach einer Zeichnung von Friedrich Ludwig Hoffmeister (Heidelberg), gedruckt von Joseph Engelmann (Heidelberg), Stadtarchiv Heidelberg
Seite 20: Frontispiz in: Caroline Rudolphi, Schriftlicher Nachlaß, hrsg. von Abraham Voß, Heidelberg 1835, Universitätsbibliothek Heidelberg: G 7503 Res
Seite 21: Radierung von Ludwig Emil Grimm (Bruder der Brüder Grimm, Kassel), 1837, Universitätsbibliothek Heidelberg
Seite 21: anonyme pastellierte Zeichnung, akg images Berlin
Seite 22: Staatsbibliothek Berlin: D 1913.1614
Seite 24: Aufnahme: G. Schwinge
Seite 29: Aufnahme: Igor Klokov
Seite 30: Aufnahme: Igor Klokov
Seite 32: Aufnahme: Igor Klokov
Seite 33: Aufnahme: Igor Klokov
Seite 34: Aufnahme: Igor Klokov
Seite 36: Stadtarchiv Weinheim: Rep. 32 Nr. 9049
Seite 38: Stadtarchiv Karlsruhe: 8/PBS XIVa 1238
Seite 39: Stadtarchiv Karlsruhe: 8/PBS XIVa 1254
Seite 40: Lithographie von C. F. Müller Nehrlich p., Stadtarchiv Karlsruhe: 8/CF Müller L 40
Seite 41: Druck u. Verlag vom Bibliographisches Institut zu Hildburghausen, Zeitgenossen N89 (IV.Jahrg.), Stadtarchiv Karlsruhe: 8/PBS oIII 169
Seite 42: Georg Sußmann bei Gr. Steuer Direction in Carlsruhe, Lith. V. P. Wagner in Carlsruhe, Stadtarchiv Karlsruhe: 8/PBS oXIVa 1244
Seite 43: Stadtarchiv Karlsruhe: 8/PBS oXIVa 485
Seite 47: Aufnahme: Igor Klokov
Seite 48: E. Grünewald impr., Badische Landesbibliothek Karlsruhe: 98 B 76501 RH
Seite 49: Stadtarchiv Weinheim: Rep. 32 Nr. 1249
Seite 51: Badische Landesbibliothek Karlsruhe: 98 B 76501 RH
Seite 53: Stadtarchiv Weinheim: Rep. 32 Nr. 228
Seite 53: Lithographie von Wagner, Stadtarchiv Weinheim: Rep. 32 Nr. 1843
Seite 55: 250 Jahre Evangelische Stadtkirche Weinheim, 1986, Umschlag-Abbildung

Seite 56:   250 Jahre Evangelische Stadtkirche Weinheim, 1986, S. 49
Seite 61:   Stadtarchiv Weinheim: Rep. 32 Nr. 1183
Seite 62:   Stadtarchiv Baden-Baden: E6_PlanA1_573_1853
Seite 63:   Stadtarchiv Baden-Baden: WilhelmiCarl_F2_1865
Seite 64:   Entwurf: G. Schwinge
Seite 65:   Aufnahme: G. Schwinge
Seite 67:   Aufnahme: Igor Klokov
Seite 69:   Evang. Lukasgemeinde Baden-Baden
Seite 70:   Evang. Lukasgemeinde Baden-Baden
Seite 72:   Aufnahme: Igor Klokov
Seite 73:   Aufnahme: Igor Klokov
Seite 74:   Die Reproduktion wurde von Frau Tilde Berlin-Will zur Verfügung gestellt.
Seite 77:   Aufnahme: G. Schwinge
Seite 78:   Stadtarchiv Baden-Baden
Seite 79:   Universitätsarchiv Gießen

Personenregister (Auswahl)

(Wenn unter mehreren Vornamen der Rufname bekannt ist, wird dieser kursiv angegeben.)

Allgayer, Gustav 5
Arnim, Achim von 21–24, 82, 84
Aschenberg, Wilhelm 25

Babo, Lambert Frhr. von 45, 52 f., 86
Bahder, Eduard von 56–59, 86
Balzac, Honoré de 71, 87
Bassermann (Vorname nicht ermittelt) 58
Batt, Anton 53
Beck, Karl 46
Behaghel (Vorname nicht ermittelt) 58
Bénazet, Edouard 68
Bender, Heinrich 49 f., 53, 85
Bender, Karl 49 f., 53, 85
Bender, Ludwig 58
Berckheim, Carl Christian Frhr. von 28
Berckheim, Christian Friedrich Gustav Frhr. von 52, 59
Berckheim, Rudolf Otto Frhr. von 52
Berstett, Wilhelm Ludwig Frhr. von 40
Bismarck, Fürst Otto 69
Brahms, Johannes 71, 82, 87
Braun, Gottlieb 44
Brentano, Clemens 21–24, 82, 84

Courbet, Gustave 71, 82, 87
Creuzer, Friedrich 20

Danquard, Albert Ludwig 22, 24 f.
Daub, Carl 17, 20
Delacroix, Eugène 71, 82, 87
Dostojewskiy, Fjodor 71, 82, 87
Dreuttel, Friedrich 35
Duttlinger, Johann Georg 38, 40, 43 f.
Dyckerhoff, Carl Philipp 63 f., 75, 77, 85 f.
Dyckerhoff, *Charlotte* Eleonore geb. Grimm 11, 46, 63 f., 75, 77, 85 f.

Eichendorff, Joseph von 20
Eisenlohr, Friedrich 68–70, 86
Engelmann, Joseph 33
Ewald, Johann Ludwig 28, 33 f.
Falk, Auguste s. Grimm, Auguste Wilhelmine

Fecht, Gottlieb Bernhard 44
Feuerbach, Anselm 71, 82, 87
Föhrenbach, Matthias 38, 41 43
Freudenberg, Carl Johann 59
Freudenberg, Friedrich Carl 59
Friedrich I., Prinzregent, dann Großherzog von Baden 52, 56, 67, 69, 76, 82, 86
Friedrich Wilhelm, Kronprinz von Preußen 69

Galland, Antoine 32
Galura, Bernhard 33 f.
Gebhardt, J. M. 72
Geib, Carl 24
Georgy, Georg Adam 11, 84
Görres, Joseph 22
Goethe, Johann Wolfgang von 20, 32
(Die Töchter A. L. Grimms siehe unter ihrem Ehenamen; die Enkelkinder bleiben unberücksichtigt.)
Grimm, Auguste Albertine 11, 35 84
Grimm, Auguste Wilhelmine verw. Falk geb. von Wallbrunn 11, 35 83–85
Grimm, Carl Friedrich 10–13, 24, 28, 83
Grimm, Friederike geb. Schneider 11, 46, 61, 85
Grimm, Georg *Friedrich* 9, 11 f.
Grimm, Georg Ludwig 9–13, 16, 83 f.
Grimm, Jakob 5, 29, 71, 80, 82
Grimm, Johanna Elisabetha geb. Joseph 9, 11, 84
Grimm, Johannes 9, 11 f., 28, 84
Grimm, Karl Ludwig 11, 35, 85
Grimm, Wilhelm 5, 29, 71, 80, 82

Härter, Friedrich 52, 55, 86
Hansen, *Adolf* Magnus 66–68, 70, 74, 78, 86 f.
Hauff, Wilhelm 73
Hecker, Friedrich 45, 51, 85
Herder, Johann Gottfried 32
Hörner, Johann Ludwig 55–58, 86
Hübner, Johann 33 f.
Hübsch, Heinrich 68
Hübsch, Karl Ludwig 53, 59, 68
Hugo, Victor 71, 82, 87

Itzstein, Johann Adam von 41, 43, 45, 85

Jean Paul (eigentlich: Friedrich Richter) 20
Joseph, Albert Samuel 11, 13, 22, 84
Joseph, Friedrich Ludwig 74
Joseph, Jakob Albert 23
Joseph, Johann Carl 10 f.

Jung, Amalie 59
Jung, Jakob 10, 16, 55
Jung, Johann Heinrich, gen. Stilling 10, 15 f., 24 f., 28, 33 f., 55, 59
Jung, Selma geb. von St. George 16

Karl Friedrich von Baden, Kurfürst, Großherzog 15, 20, 51
Külp, Johann Ludwig 46, 53–55, 74, 85

Lang, Heinrich 70
Leopold, Großherzog von Baden 40, 46, 51, 64, 82, 86
Leutemann, Heinrich 72
Ludwig, Großherzog von Baden 40
Luise, Großherzogin von Baden 65, 69, 76

Mittermaier, Karl 45
Mohr, J. C. B. (Jacob Christian Benjamin) 22–25, 28, 84
Moltke, Helmuth Graf von (d.Ä.) 69
Musäus, Johann Karl August 72

Napoleon (I.), Kaiser der Franzosen 15, 76
Napoleon III., Kaiser der Franzosen 71, 75, 87
Nebenius, Karl Friedrich 44

Pattberg, Auguste von 23–25
Pestalozzi, Johann Heinrich 17, 20
Pfander, Jakob 58

Reimers, Erich 5
Rettig, Friedrich Christian 41, 85
Richter, Friedrich s. Jean Paul
Rippmann, Johann Wilhelm Gustav 55
Röther, Johann Wilhelm 23
Röther, Julius 59
Rotteck, Karl von 38, 41, 44 f., 85
Rudolphi, Caroline 19–24, 84

Schilling von Cannstatt, *L(o)uise* Marie Anna geb. Grimm 11, 46, 61 f., 64, 67, 74–76, 83, 85 f.
Schilling von Cannstatt, *Wilhelm* Ludwig Heinrich Frhr. von 63 f., 74–76, 86
Schlatter, Georg Friedrich 52, 83, 86
Schmid, Christoph von 33 f.
Schreiber, Aloys 21–23, 25
Schubert, Charlotte von 69 f.
Schubert, Friedrich von 70

Schütz, Peter 60, 86
Schumann, Clara 71, 82, 87
Schwarz, Friedrich Heinrich Christian 5, 10, 15–17, 19–21, 24–29, 31, 35, 50, 73, 80, 82–84
Schwarz, Hanna geb. Jung 16, 29, 35, 50, 80, 84
Schwarz, Lina (Caroline) 17, 20, 35, 84
Schwarz, Wilhelm 25, 27 f., 35, 55, 59, 84 f.
Stolz, *Karl* Friedrich 65 f., 86

Teuffel, August Frhr. von 59
Thibaut, Anton 21
Tieck, Ludwig 20
Tolstoj, Leo 71, 82, 87
Turgenjew, Iwan, 71, 82, 87
Twain, Mark 71

Victoria, Queen 69
Victoria, Tochter der Queen V. 69
Voit, Heinrich 70
Voß, Abraham 21, 32, 83 f.
Voß, Heinrich (jun.) 21, 32, 83 f.
Voß, Johann Heinrich (sen.) 21, 32, 83 f.

Wagner, Richard 71, 82, 87
Wallbrunn, Maximilian von 46
Weisbrod, Jakob 52, 86
Weisbrod, Johann Philipp (?) 59
Welcker, Karl Theodor 41, 45, 85
Wessenberg, Ignaz Heinrich Frhr. von 41, 85
Wilhelm, Markgraf von Baden 59
Wilhelm, Prinzregent, König von Preußen, Deutscher Kaiser 65, 69, 71, 75 f., 82, 87
Wilhelmi, *Auguste* Amalie geb. Grimm 11, 46, 61, 63 f., 76 f., 83, 85–87
Wilhelmi, *Heinrich* Friedrich 17, 61, 84, 86
Wilhelmi, *Karl* 17, 61–64, 67 f., 70, 74–78, 8, 86 f.
Wilhelmi, *Karl* Friedrich 17
Winter, Christian Friedrich 45, 55
Winter, Ludwig 40, 43, 85
Winterwerber, *Karl* Ludwig 55, 59
Wolf, Georg Friedrich 55
Wundt, Daniel Ludwig 17
Wundt, Ludwig 35

Zimmer, Johann Georg 21, 25, 29, 84